MAESE PATHELIN Y OTRAS FARSAS

MAESE PATHELIN Y OTRAS FARSAS

LETRAS UNIVERSALES

Maese Pathelin y otras farsas

Edición de Miguel Angel García Peinado
Traducción de Esperanza Cobos Castro
y Miguel Angel García Peinado

CATEDRA

LETRAS UNIVERSALES

Letras Universales
Asesores: Carmen Codoñer, Javier Coy
Antonio López Eire, Emilio Náñez, Francisco Rico
María Teresa Zurdo

Diseño de cubierta: Diego Lara
Ilustración de cubierta: Alfredo Aguilera

INTRODUCCIÓN

El teatro cómico en Francia en la Edad Media

No es tarea fácil el intentar resumir una descripción de los comienzos del teatro cómico en Francia, teatro que se presenta sin autonomía ni hegemonía suficientes a lo largo de la Edad Media. En efecto, además de la enorme dificultad que representa la lejanía en el tiempo, tampoco disponemos de un muestrario tan abundante como sería deseable, para que podamos hacernos una idea aproximada de cuál es el nacimiento, desarrollo y evolución del género cómico en Francia desde sus orígenes. De cualquier modo, la mayor y gran dificultad con que choca cualquier historiador del género teatral es la de intentar aislar en sus comienzos el género profano del religioso, ya que en esos momentos aparecen estrechamente unidos e imbricados, sin que sea posible deslindar los límites de cada uno de ellos. Sí hay hechos evidentes que debemos admitir como indiscutibles, y de los que sería aconsejable partir; la constatación inicial en este terreno es que las primeras manifestaciones del teatro religioso francés aparecen en el siglo XI, aunque hay que esperar hasta principios del siglo XIII para asistir a las primeras producciones profanas, o cuando menos obras que contienen escenas que se salen del contexto religioso, como es el *Jeu de Saint Nicolas* de Jehan Bodel. En cualquier

---

[1] Nos referimos al *Jeu d'Adam* o *Mystère d'Adam* (aunque el vocablo *mystère* no aparezca hasta finales del XIV, ya que los dramas litúrgicos del siglo XII eran denominados *ludi repraesentationes*, así como las obras dramáticas de los siglos XIII y XIV se titulaban *jeux*, *miracles* o *histoires*), obra de mediados del XII, de origen normando u anglonormando que marca el nacimiento del teatro secularizado, ya que, a partir de ella se puede afirmar que un teatro de expresión francesa está iniciado.

so, la mayoría de los críticos franceses más prestigiosos ha expresado siempre su convicción de que el teatro medieval en Occidente no es una renovación del teatro antiguo, sino que, por el contrario, es un nuevo tipo de teatro, una creación, e igualmente admite que el teatro nace en la Iglesia. En un principio existiría la liturgia cristiana; en el siglo IX se va extendiendo el hábito de sustituir las vocalizaciones sobre la *a* final del *Aleluya* por ciertas palabras fáciles de retener que ayudaban a memorizar la secuencia musical. Con el paso del tiempo, se utilizan cortos poemas cantados o *tropos*, como un comentario del texto litúrgico primitivo; algunos de estos tropos incluían diálogos, que son, sin ninguna duda, el punto de partida del drama litúrgico representado. Se representaban piezas por personajes que relataban acontecimientos sobrenaturales y los milagros de la Virgen, de Jesucristo, o de un santo muy popular como San Nicolás; los «Miracles» más antiguos datan del siglo XII y fueron escritos en latín; del 1200 data el primer «Miracle» en lengua francesa, el ya citado *Jeu de Saint Nicolas*.

Vemos pues, cómo, en su origen, estas representaciones eran un procedimiento de enseñanza al que había recurrido el clero, dada la ignorancia de la masa de feligreses y la incapacidad de un gran número de ellos para aprender de otro modo a utilizar la lengua vulgar.

La segunda obra, cronológicamente, y con más elementos profanos que la anterior, es también de la región picarda: el *Jeu de Courtois d'Arras*, atribuida por numerosos críticos al mismo Bodel, es una adaptación dramática de la parábola del hijo pródigo según el Evangelio de San Lucas. Las fuentes de estas dos primeras representaciones son religiosas, pero por su desarrollo parecen orientarse decididamente hacia un humor realista y cotidiano.

A todas estas constataciones que nos muestran la dificultad de separar las formas trágicas de las cómicas, habría que añadir alguna curiosa observación: desde la representación del *Jeu de Saint Nicolas*, en los primeros años del siglo XII, hay que esperar unos veinte años hasta encontrar la siguiente (*Courtois d'Arras*), y posteriormente casi medio siglo más hasta el *Jeu de la Feuillée* de Adam de la Halle, obras todas que permiten intuir cómo se realizará la evolución del teatro cómico: por una parte, una mezcla de tonos religioso-profanos y por otra formas carnavalescas, que representan una parodia del culto religioso; las obras citadas, además de hacernos ver la difícil delimitación entre los dos tipos de teatro, nos muestran cómo el hombre de la Edad Media era capaz de compaginar la presencia piadosa en la misa y la parodia del culto en la plaza; como bien dice Bakhtine:

> La confiance dont jouissait la vérité burlesque, celle «du monde à l'envers», était compatible avec une sincère layauté[2]*.

Dos hechos resaltan de esta primera impresión sobre el teatro profano:

a) todas las obras citadas se denominan *jeux.*
b) todas pertenecen geográficamente al dominio picardo, y más concretamente a la ciudad de Arras, de donde eran originarios los dos *trouvères* citados, Jehan Bodel y Adam de la Halle; veamos estos dos puntos detalladamente.

El *jeu,* del latín *jocus,* broma, tomó en latín vulgar todas las acepciones de *ludus:* entretenimiento, diversión, y comienza a tener una importancia decisiva en la liturgia desde el momento en que el oficio se detiene, para dar lugar a la representación, *jeu* o drama, lo que hace que los textos a veces den a éstas la denominación de semilitúrgicas. Del siglo X al XII se desarrolla el drama litúrgico, ya que a los *jeux* tradicionales de Navidad y Pascuas se añadió un *Ordo Prophetarum,* que consistía en una procesión y serie de monólogos que dramatizaban un sermón tradicional. Los *jeux* en un principio no eran cantados, debido a su enorme extensión, pero poco a poco se fue introduciendo el canto en ellos. Con el transcurso del tiempo, la evolución

---

* «La confianza de la que gozaba la verdad burlesca: la del "mundo al revés" era compatible con una sincera lealtad.»
[2] Mikhaïl Bakhtine, *L'oeuvre de François Rabelais et la culture populaire au Moyen Age et sous la Renaissance,* París, Gallimard, 1970, pág. 103. Edición original en ruso, en 1965, traducción española: Mijail Bajtin, *La cultura popular en la Edad Media y en el Renacimiento. El contexto de François Rabelais,* Barcelona, Barral, 1971.

continúa, aunque no con igual esplendor en todas las ciudades; es claro que en las del Norte, debido al auge que experimenta la nueva clase burguesa, la evolución es mayor; en algunas ciudades los *jeux* continúan desarrollándose en la misma iglesia, mientras que en otras salen a la plaza debido a su carácter cada vez más irreverente, conservándose en el templo el *Te Deum* final. Vemos, pues, que la evolución es progresiva y el montaje del *jeu* se convierte en ardua e importante empresa, que dirigen con frecuencia los canónigos, antes de que comiencen a formarse cofradías, que luego tendrán una importancia decisiva en el desarrollo de todo el teatro cómico[3]. A este desarrollo contribuyeron en el siglo XII los centros establecidos en las abadías, que multiplicaban las representaciones dramáticas en forma de diversiones escolares promovidas por los clérigos y canónigos. Y hay que entender estos términos en el contexto en que hablamos de los siglos XII y XIII, no en el actual. Ser clérigo no significaba ser sacerdote, cualquier estudiante podía serlo, e incluso su criado, si es que aquél lo tenía; los textos canónicos de esa época precisan que la clericatura no es una orden, cualquier persona podía ser designado con el nombre de clérigo durante toda su vida, así como beneficiarse de los privilegios de esta condición, al mismo tiempo que llevaba una vida de las más laicas —según el concepto actual de laicismo—; el clérigo era tonsurado, pero estaba autorizado a casarse. Las prohibiciones concernían a otros aspectos: un clérigo no podía ser comerciante ni tampoco banquero; con respecto al matrimonio, sólo se le imponía una restricción, y es que no podía casarse más que una vez y siempre con una joven virgen,

---

[3] Las solemnidades religiosas se completaban con representaciones dramáticas que evocaban los acontecimientos más importantes de los relatos sagrados; en un principio, estas representaciones formaban parte del mismo oficio, y tenían lugar ante el altar; posteriormente se hacían sobre el atrio, por donde desfilaban personajes que actuaban como actores improvisados, intercambiando palabras y réplicas que suscitaban responsos e himnos por parte del coro de feligreses. En una tercera etapa, la representación se desarrolla en la puerta de la iglesia, y, con el paso del tiempo, la costumbre se extiende a casi todas las iglesias del país, al mismo tiempo que se alargan los diálogos y multiplican los personajes, que representan episodios de la Historia Sagrada o leyendas de santos. Añadamos a esto el que los burgueses de los pueblos y ciudades solían patrocinar funciones cómicas de inspiración profana.

ya que si se casaba con una viuda, era acusado de bígamo. Todo esto era debido a que, según la mentalidad de la época, el matrimonio del clérigo debía ser un matrimonio cristiano en toda su pureza: él y la elegida debían ser puros.

En lo que concierne al vocablo canónigo, éste no designaba obligatoriamente —como en los tiempos actuales— al dignatario eclesiástico. Era uno de los consejeros del obispo y ayudaba a éste en la administración de la diócesis, tanto en el terreno espiritual como en el material.

Del mismo modo que los *clercs* y los *chanoines,* los *jongleurs* tuvieron una gran importancia en el desarrollo del teatro; eran, ante todo, narradores, cuya única finalidad consistía en divertir a su auditorio contándoles anécdotas o relatos imaginarios, amenos y picantes. A menudo, para atraer la atención de los espectadores, los juglares utilizaban el efecto del cambio de voz y el estilo directo, para que el público apreciara su talento como «mimo»[4]. El repertorio de los juglares, que comprendía peroratas y monólogos divertidos, seleccionados con vistas a agradar al público, dará lugar al nacimiento de un género literario llamado «mimo», «pieza bufa», o «monólogo dramático», que está en íntima relación y en algunos aspectos a veces llega hasta a confundirse con los *fabliaux*[5]. El mimo era un relato o un discurso burlesco, declamado y representado por un actor y que se desarrolló independientemente del drama litúrgico; la ya citada obra atribuida a Jehan Bodel, *Jeu de Courtois d'Arras,* es un mimo de los más antiguos conocidos, así como el cono-

[4] Sobre los juglares medievales son libros de lectura imprescindible las dos obras de Edmon Faral, *Les Jongleurs en France au Moyen Age* (París, 1910), y *Mimes français du XIIIe siècle* (París, 1910), así como la de Menéndez Pidal, *Poesía juglaresca y orígenes de las literaturas románicas* (Madrid, 1957).

[5] Los *Fabliaux* eran una especie de relatos cortos humorísticos en verso, que reflejaban cuadros de costumbres descritos con una sátira feroz; a menudo eran relatos anecdóticos basados en un juego de palabras, aunque a veces admitían una intriga más extensa, con episodios ligados que se sucedían unos a otros, como los actos de una obra de teatro. La moda de los *Fabliaux* comenzó hacia 1200 y duró más de un siglo, pero no está demostrado que tuviesen una importancia estimable en el desarrollo del naciente teatro cómico, aunque tampoco esté descartado el que así fuera, dado que la vivacidad de los diálogos y su rapidez en resolver situaciones parecen no ser extrañas a los procedimientos empleados en muchas de las *farces* y *sotties* conocidas de la segunda mitad del xv y primera del xvi.

cido *Dit de l'herberie*, del famoso poeta Rutebeuf, es otro mimo, y también la primera obra catalogada de farsa[6], *Le Garcon et l'Aveugle* y representada en Tournai entre 1266 y 1282, corto fragmento de 265 versos que debía ser desarrollado por un juglar usando el efecto citado del cambio de voz. Todo esto nos demuestra que esta clase de obras cortas tuvieron una gran importancia e influencia en el posterior desarrollo del teatro cómico.

En sus comienzos los juglares se habían agrupado en cofradías religiosas e intelectuales, cofradías que fueron captadas o acaparadas por la burguesía, como ocurrió en Arras, donde esta nueva clase social fundó sociedades literarias académicas conocidas con el hombre de *puys,* que llegaron a convertirse en una especie de corporaciones de índole poética y musical muchas de ellas, en las que sus miembros se reunían con bastante periodicidad para practicar estas dos artes y entregarse a *jeux littéraires,* que consistían en piezas complejas, caracterizadas ante todo por la mezcla de tonos y la variedad de argumentos y temas tratados, con puestas en escena literarias y encorsetadas, y no como la *farce* o la *sottie* del siglo xv, que eran más bien recreaciones escénicas de la realidad vivida o imaginada.

En un primer momento, los *puys* contribuyeron a la difusión del nuevo género cómico, posteriormente en el siglo xv tenderán a diluirse, al ocuparse dichas asociaciones de otras cuestiones literarias.

Por lo que respecta al gran desarrollo de algunas ciudades del Norte, y concretamente a Arras, lugar en el que se representan casi todas las obras citadas, dicha ciudad experimentó un gran crecimiento y se convirtió en un burgo rico e industrial en el que una clase social importante prosperaba desde finales del siglo xii; la atracción de los mercados urbanos había hecho aumentar la población de algunas ciudades, y así en el siglo xiii, Arras —junto con Burdeos y Toulouse— tenía más de 30.000 habitantes, cifra importante para la época, ya que los burgos rurales engrandecidos tenían sobre unos 5.000; representantes literarios de esta sociedad burguesa eran, por

---

[6] A pesar de que el nombre de *farce* no se emplee por vez primera hasta el siglo xv.

ejemplo, los dos autores ya mencionados Jehan Bodel (que muere leproso en 1210) y Adam de la Halle (entre 1240 y 1285 aproximadamente), así como Baude Fastoul y los dos escritores originarios de Champagne, Colin Muset y Rutebeuf. En estas ciudades, un incipiente proletariado urbano comenzará a florecer en el primer cuarto del siglo XIV.

DIVERSAS HIPÓTESIS SOBRE EL NACIMIENTO DEL TEATRO CÓMICO

Todo este panorama presentado hasta ahora no nos resuelve el problema del origen del teatro cómico francés, a pesar de que hayamos podido apreciar eslabones que pudieran formar una cadena, que explique la formación de un teatro sobre el que hasta ahora sólo se han emitido diferentes hipótesis, de muy distinto matiz y diversas valoraciones de conjunto, que, sin embargo, no resuelven ni explican el problema al no ser ninguna de ellas lo suficientemente convincente.

Joseph Bédier fue uno de los primeros en pronunciarse, y en un artículo publicado en la *Revue des Deux Mondes*[7], el año 1890, defiende que el teatro cómico francés proviene del religioso, del que se había desgajado progresivamente al desarrollarse independientemente las escenas cómicas que aquél incluía. Esta afirmación se apoya en el hecho evidente de que varias obras religiosas de principios del XIII contienen largos pasajes de una comicidad innegable: escenas de taberna con riñas incluidas, que parecen ser una transposición efectuada por Bodel de la vida cotidiana de la ciudad de Arras. La coexistencia de lo sagrado y lo cómico expresa en alguna medida el temperamento y el gusto personal de Bodel, que ya debía poseer la experiencia de la risa fuera de la Iglesia, pues, como bien afirmaban dos prestigiosos medievalistas:

> Ce n'est pas le rite qui a développé le goût de la scène plaisante, c'est le goût de la scène plaisante qui s'est infiltré

[7] «Les commencements du théâtre comique en France», *Revue des Deux Mondes*, t. 93, junio de 1890, págs. 869-897.

dans le rite. Le peuple a ri sur la place avant de sourire dans l'eglise ou sur le parvis; il n'avait certes pas besoin de la religion et des cérémonies liturgiques pour donner libre cours à ses ressources spontanées de joie[8]*.

Según esta opinión, desde muy tempranamente los dos tipos de representación habrían coexistido, y posteriormente, para atraer a los fieles a los oficios religiosos, se introdujeron escenas cómicas en las representaciones de la Iglesia a manera de intermedios cómicos, y para hacer dichas representaciones más ligeras.

Bédier, para apoyar su tesis, ponía como ejemplo a Adam de la Halle, que fue, según él, el primero y el único de su tiempo que liberó al teatro cómico de sus ataduras litúrgicas o religiosas y proporcionó al público las primeras obras plenamente profanas, de un carácter marcadamente humorístico; en opinión de Bédier, era en las representaciones que habían tenido lugar en Arras, donde había que buscar la parte de inspiración de Adam de la Halle.

La segunda hipótesis, por orden cronológico, es la de Edmon Faral, expuesta en su admirable tesis *Les Jongleurs en France au Moyen Age* (París, 1910). Faral argumentaba, en contra de la tesis de Bédier, que el desarrollo de las escenas cómicas fundadas en una observación realista de la vida cotidiana era aún más apreciable en los *miracles* y los *mystères*, cuando ya no tenía razón de ser dado que existía un teatro cómico independiente. Para Faral, el teatro cómico francés era una continuación del repertorio de los *jongleurs*, descendientes y herederos directos de los mimos y atelanas, por las que los romanos, sobre todo el pueblo, sentía gran devoción y pasión, y que se representaban en tabernas y campamentos militares para la soldadesca y el pueblo llano. Son las mismas representaciones que en la España medieval tomarán el nombre de «juegos de escarnio», que

---

* «No fue el rito el que desarrolló el gusto por lo jocoso, sino más bien fue esto último lo que se infiltró en el rito. El pueblo reía en la plaza antes de sonreír en la iglesia o en el atrio; ciertamente, no eran necesarias la religión ni las ceremonias litúrgicas para dar vía libre a los recursos espontáneos, propios de la alegría.»

[8] Frappier, J. y Gossart, A.-M., *Le théâtre comique au Moyen Aye* (edición actualizada), París, Larouse, 1972 (1.ª ed., 1935).

consistirían probablemente en escenas bufas y pantomimas satíricas o burlescas, representadas por los actores o *mimos,* a los que se denominaba de distintos modos: histriones, remedadores, imitadores, prestidigitadores, danzarines, comediantes, etc. Estos hombres se desplazaban por todo el territorio francés, amenizando con su amplio repertorio ciudades, pueblos y aldeas; dicho repertorio debía estar formado por cantares de gesta, *fabliaux,* monólogos, diálogos, etc., y demás variedades al uso[9], adaptándose el juglar al tono serio o festivo del trozo a representar, haciendo una o varias voces y personajes. Según esta teoría, desde mucho tiempo atrás pudo existir una gran producción cómica de la que no quedan restos, aunque este espíritu cómico influyó «desde fuera» en las representaciones litúrgicas, haciendo que se incluyeran en éstas al ser muy apreciadas por el pueblo, que nunca había dejado de estimarlas. Había, pues, una línea desde los mimos de la decadencia romana, los juglares del siglo XIII, y el teatro cómico de los siglos XIV y XV.

Esta hipótesis no fue admitida por uno de los historiadores del teatro de aquel tiempo, Petit de Julleville, el cual objetó a la teoría que la línea se había interrumpido desde hacía ya mucho tiempo, en los siglos VIII y IX, y la producción de los juglares no hacía suponer, por su contenido, que eran los antepasados de los comediantes del XV y XVI, ya que, antes del siglo XIII, época del esplendor de Arras, no había textos franceses humorísticos.

La tercera hipótesis es la de Gustave Cohen, que intenta ver luz en este vacío de siglos y pretende unir el teatro cómico en lengua francesa con el teatro cómico latino de Plauto y Terencio, sobre todo el de este último. De este modo, Cohen analiza varias obras del siglo XII, llamadas *comoediae* y escritas en latín, entre los siglos X al XIII, por clérigos, en conventos situados a orillas del Loira: Tours, Blois, y sobre todo en Orléans y Fléury-sur-Loire; en estos conventos existieron focos de humanis-

---

[9] En opinión de Pierre-Yves Badel, lo componían: «sujets antiques (Pyrame, Troie, Enée, Thèbes, Alexandre, Jason, Narcisse, Orphée, Dédale, César), bibliques (David et Goliath, Samson), bretons (Gauvain, Yvain, Lancelot, Perceval, Erec, Tristan, Cligès), français (Charlemagne, Clovis, Pépin)», *Introduction à la vie littéraire du Moyen Age,* París, Bordas, 1969, págs. 91-92.

mo, así como en Vendôme y Chartres. Estas obras fueron descubiertas en el siglo xv la mayor parte de ellas, y no fueron publicadas hasta 1501; estaban escritas en dísticos elegiacos, con frecuencia muy licenciosas para la época, por clérigos y gentes de Iglesia en general, por lo que también se denominan «comedias elegiacas». Son una especie de ejercicios escolares que muestran el alto nivel de los autores en la lengua latina y su gran conocimiento de los clásicos. En ellas se dramatizan anécdotas picantes y divertidas en forma dialogada, a imitación de las comedias del cartaginés Terencio (184-159 a.C).

Todas estas obras, en número de quince, han sido reunidas por el enunciador de la tesis, G. Cohen, en su estudio titulado: *La Comédie latine en France au XII⁴ siècle* (París, Les Belles Lettres, 1931). Son especialmente interesantes *Geta* y *Aululaire* de Vital de Blois, que se jacta de haber hecho ganar adeptos a Plauto con la primera obra citada, adaptación de *Amphitruo*, que era considerada la obra maestra de Plauto (254-184 a.C.), *Alda* de Guillaume de Blois, *Milo* de Mathieu de Vendôme, y las anónimas *Miles gloriosus*, *Mercatore* y *Pamphilus*. Todas estas obras, junto con las demás del corpus de quince, pudieron ser representadas con motivo de alguna festividad, aunque no se sabe con certeza si ocurrió así, o si únicamente estaban destinadas a la lectura —no hay que olvidar que los hombres de la Edad Media se imaginaban las representaciones de la Antigüedad como lectura—, a la enseñanza o a la diversión, ya que en ellas las partes dialogadas se encuentran mezcladas con partes narrativas. Según E. Faral, estas obras son como un organismo de transición entre la comedia de los antiguos latinos y los *fabliaux* franceses, a pesar de un excesivo predominio de la parte narrativa.

La argumentación en que basa su hipótesis Cohen no parece sostenerse con firmeza si pensamos que las quince obras que pone como ejemplo provienen todas del mismo foco de humanismo, de una misma región y no hay otras muestras que podamos comparar, por lo que no se puede deducir que hayan ejercido ninguna influencia en la formación del teatro cómico francés, al no haber sido conocidas fuera de estos centros o conventos, o en todo caso del mundo de la gente de letras.

Ninguna de las tres teorías expuestas para explicar el origen y nacimiento del teatro cómico medieval francés era convincente ni demostrable, aunque sí parecía que cada una tuviera parte de la explicación general; la solución que adoptó Frappier[10] es la de afirmar que el teatro profano nació espontáneamente bajo distintas influencias, entre las que había que tener en cuenta las expuestas por Bédier, Faral y Cohen, pero inclinándose por la teoría de que el drama profano precedió al litúrgico, a pesar de que la pérdida de textos pueda hacernos pensar que es al contrario y hacer aparecer al drama religioso como precursor.

Un crítico posterior, Jean-Claude Aubailly, comenta esta circunstancia, lamentando acertadamente[11] que Frappier no desarrollara más la llamada de atención que lanzaba a la crítica sociológica:

> On pourrait soutenir que l'apparition du théâtre comique est liée au progrès d'une vie et d'une civilisation urbaines, alors que le théâtre religieux, dans sa forme embryonnaire, le drame liturgique, est un produit des couvents et des cloitres*.

idea que no se contradice con la expresada por Pierre-Yves Badel, nueve años más tarde, de una manera un poco ambigua:

> Il est possible que l'invention de ce théâtre soit due aux initiatives de clercs qui auraient donné la forme dramatique créée par le théâtre religieux à des thèmes qui, jusqu'alors, avaient reçu une expression narrative. Une vie de saint «par personnages» devient le *Jeu de Saint Nicolas,* une pastourelle «par personnages» le *Jeu de Robin et Marion*[12] **.

---

* «Se podría mantener la idea de que la aparición del teatro cómico está ligada al progreso de una vida y de una civilización urbanas; mientras que el teatro religioso, en su forma embrionaria, el drama litúrgico, es un producto del convento y del claustro.»

** «Es posible que la invención de este teatro se debiera a las iniciativas de los clérigos, que habrían dado la forma dramática propia del teatro religioso a

10 *Le théâtre profane en France au Moyen Age,* París, CDU, 1959.

11 *Le théâtre médiéval profane et comique,* París, Larousse, 1975.

12 *Introduction à la vie littéraire du Moyen Age,* pág. 217.

Este es, a grandes rasgos, el estado que presenta el tan controvertido problema del nacimiento del teatro cómico francés: ¿había representaciones en la plaza antes que en la iglesia, o fueron aquellas consecuencia de éstas?; ¿son los juglares el nexo entre los mimos latinos y el teatro de los siglos XIV y XV?; ¿las obras escritas en las «escuelas o centros de humanismo» de la región que circunda Orléans, Blois, Vendôme y Chartres, y con influencias de Plauto y Terencio son el eslabón con el teatro de siglos posteriores? Preguntas todas de difícil respuesta, ya que no hay testimonios, a pesar de las investigaciones realizadas hasta la fecha, que hayan podido probar una u otra teoría, aunque no parece descabellado afirmar que, efectivamente, hay un inicio de teatro profano en la Iglesia al introducirse en ésta el *mimo*, que parece continuarse en los juglares y, posteriormente, en los clérigos, hipótesis que engloba las teorías de Joseph Bédier y Edmon Faral, sin, por otra parte, anular la de Gustave Cohen. El hecho es que, a partir del siglo XIII, existe en Francia un teatro con autonomía y sentido propios, que, después de escindirse en varios géneros o subgéneros, dará lugar a una gran expansión en alguno de ellos, como ocurrirá con la *sottie* y la *farce* entre 1450 y 1550.

Formas y características de la comicidad

Es casi imprescindible señalar, ya desde un primer momento, que el mundo infinito de las formas y manifestaciones de la risa o de lo cómico se oponía a la cultura oficial, al tono serio y religioso, de ahí que existieran dos tipos de teatro; aun en su diversidad, todas las formas del teatro cómico poseían una unidad de estilo, y, de una manera sucinta, como bien señala Bajtin, podían subdividirse en tres grandes categorías:

1. Las formas de los ritos y espectáculos (regocijos y alegrías de carnaval, diversas piezas cómicas representadas en la plaza pública, etc.).

---

temas que hasta entonces habían recibido una expresión narrativa. Una vida de santos "por personajes" se convierte en el *Jeu de Saint Nicolas,* una pastoral "por personajes" en el *Jeu de Robin et Marion.»*

2. Obras cómicas verbales (incluidas las parodias) de diferente naturaleza: orales y escritas, en latín o en lengua vulgar.
3. Diferentes formas y géneros del vocabulario familiar y grosero (injurias, juramentos, dichos populares, etc.).

Estas categorías, que reflejan en su heterogeneidad un mismo aspecto cómico del mundo, están estrechamente intercomunicadas y se mezclan de distintas maneras[13].

Continuando el desarrollo de su idea, afirma el ensayista ruso que todas estas formas de ritos y espectáculos, organizados de un modo cómico y consagrados por la tradición, se habían extendido por todos los países europeos, pero se distinguían por su riqueza y complejidad particulares en los países que habían sufrido la dominación romana, notablemente en Francia. Estas formas de ritos y espectáculos basados en el humor presentaban una diferencia extremadamente acusada con las formas de culto y ceremonias oficiales de la Iglesia o del Estado feudal, ya que ofrecían un aspecto del mundo, del hombre y de las relaciones humanas, totalmente distinto y deliberadamente no oficialista, exterior y ajeno a la Iglesia y al Estado, de modo que parecían haber edificado, al lado del mundo oficial, un segundo mundo y una segunda vida en la que todos los hombres participaban con idénticas posibilidades, inmersos en la misma escala social, y donde no había privilegios para los grandes ni humillaciones para vasallos. Esta idea, aparte de la atractiva mezcla de mentalidades en un momento dado, explica el porqué de la existencia de una extensa producción cómica (más de 200 obras han llegado a nosotros) durante los cien años transcurridos entre 1450-1550, y la casi absoluta desaparición de la tragedia en el mismo periodo de tiempo —hecho que explica, en parte, el que Garnier y sus contemporáneos tengan que volver sus ojos al mundo antiguo, de donde extraen sus modelos, sobre todo Séneca, para la creación de lo que se ha dado en denominar «tragedia humanista».

---

[13] *L'oeuvre de François Rabelais et la culture populaire au Moyen Age et sous la Renaissance*, pág. 12. (La traducción es nuestra.)

El atractivo que poseía la idea de igualdad social estaba sin duda provocado por el propio encanto de la risa popular desenfrenada y propiciado en parte por razones ajenas, aunque conexionadas de cualquier modo; como, por ejemplo, el hecho de que la cultura oficial religiosa en los siglos VII, VIII y IX no fuese muy pujante ni atrayente, al contrario que la popular. Unido esto a que la tradición de las saturnales romanas no se había extinguido, sino que se conservaba viva, llevó a la Iglesia a hacer coincidir las fiestas oficiales (cristianas) y las locales (paganas), que tenían relación con los cultos cómicos, con el fin de domeñarlas y hacerlas depender del Estado. Esto acarreaba algunas consecuencias, siendo una de las más importantes la abolición de ciertas reglas y ordenanzas en vigor en la vida cotidiana, lo que creaba un clima de comunicación propicio entre todo tipo de clases sociales, que no era posible durante la vida normal; es decir, la fiesta o celebración marcaba, de alguna manera, una interrupción provisional de todo el sistema oficial con sus prohibiciones y barreras jerárquicas, al mismo tiempo que propiciaba las relaciones entre gentes de distinta extracción social, relaciones que eran incluso mejores en la época de carnaval. Al hablar de las fiestas de carnaval es curioso constatar cómo ciertas formas carnavalescas son una verdadera parodia del culto religioso, pero desprovistas de cualquier tipo de dogmatismo religioso o eclesiástico, o de misticismo y piedad, gozando en ese aspecto de una total libertad, que se vivía con más intensidad por reducirse ésta a los días de celebración; libertad que se extendía al comer y beber, así como al sexo. Era, en cierto modo, una interrupción de todo el sistema oficial, en el que la vida cambiaba bruscamente, antes de volver a su habitual «legalidad».

El carnaval no era una forma de espectáculo teatral, ya que al no haber diferencias entre actores y espectadores tampoco existía una rampa que marcara aquéllas, y es que todos vivían la «representación» como actores y no como meros espectadores, siendo para las gentes como una segunda vida, que se basaba en el principio de la risa, al contrario que las fiestas oficiales de la Iglesia o del Estado —hecho que explica el que éstos las hicieran coincidir, para dirigir el solaz de la masa—, que no proporcionaban al pueblo esa imagen de liberación, sino que los reafirmaban en la idea de dominación y asentamiento del orden establecido.

Entre las fiestas que servían de motivo a las representaciones, la más famosa de todas es la *Fête des fous,* que era una especie de reminiscencia de las citadas saturnales romanas y se celebraba en los días entre Navidad y la Epifanía; dentro del templo se celebraba una misa burlesca con ritos grotescos y mofa de los símbolos y representaciones religiosas. De estas celebraciones de la *Fête des fous* se tiene noticia en el Norte a finales del siglo XIII y principios del XIV: el año 1284 en la ciudad de Laon, y el 1308 en la de Troyes, continuando su expansión y difusión durante todo el XIV y principios del XV, hasta el año 1435 en que son prohibidas a causa de los sacrilegios cometidos en el interior del templo; desde el momento de su prohibición las celebraciones deben hacerse fuera de la iglesia.

Además de esta *Fête des fous* existía también la *Fête de l'âne,* que evocaba la huida de la Virgen María llevando con ella al Niño Jesús a Egipto, aunque ninguno de los dos fuesen el centro de esta fiesta, sino más bien el asno y su *hinham.* Se celebraban «misas del asno» y cada una de las partes se acompañaba con un rebuzno; al final de la misa, el sacerdote, a modo de bendición, rebuznaba tres veces y era contestado otras tres con rebuznos, por parte de los fieles. La razón de que se llamara *Fête de l'âne* quizá sea la de que el asno es el animal que mejor define la humillación.

Estas *Fête des fous* y *Fête de l'âne* tenían por misión específica divertir al pueblo, y su finalidad primordial consistía, pues, en hacerle reír; es el mismo propósito que el de las ya citadas fiestas de carnaval, y las fiestas de mayo de la recolección, relacionadas con la fecundidad y el culto pagano de los antiguos. A estas fiestas se añadían las locales y las de los estudiantes, además de las tradicionales de Epifanía el 5 de enero, Saint Rémi el 15 del mismo mes, Saint Martin y Saint Nicolas (santo muy popular en Flandes y Picardía, lugares en los que era patrón de numerosas cofradías de clérigos y escolares, de ahí procede que, desde el siglo XII, los *clercs* representen en latín múltiples *jeux* de Saint Nicolas, como más tarde hará Jehan Bodel).

El hecho de que sean prohibidas las celebraciones de la *Fête des fous* en la iglesia trae como consecuencia la formación de grupos o compañías, que experimentarán un gran auge a partir de entonces e irán por ciudades y pueblos con ocasión de las citadas fiestas, donde, curiosamente, se elegía a un *Evêque des Innocents* y a un *Pape o Roi des Fous* que dirigía las festividades; de ahí tomarán su nombre más tarde algunas asociaciones. Así organizados, cada grupo social forma lo que se conoció por *sociétés joyeuses*[14], en oposición a las *confréries sérieuses*, provenientes de la tranformación de los *puys*, y que aparecieron a finales del XIV, como los famosos *Confrères de la Passion*, de 1398, especializándose en representaciones religiosas como su mismo nombre indica.

Petit de Julleville, en *Les comédiens en France au Moyen Age*, ha enumerado estas asociaciones, significando como las más antiguas las alusivas a las *Fête des fous*, fiestas que están asociadas a las representaciones teatrales. Jean-Claude Aubailly menciona[15] que Lille, a finales del siglo XV, tiene un mínimo de siete: la compañía del *Evêque des Fous*, la del *Pape de Guingans*, la del *Empereur de la Jeunesse*, del *Prince des Coquarts*, del *Prince de Peu d'Argent*, del *Prince de la Sottrecque* y, por último, la del *Prince de Sottie*. Igual ocurre en la mayor parte de las ciudades del Norte, donde incluso compañías de barrio se fundan por necesidades de la fiesta; se pueden citar como ejemplo las ciudades de Cambrai, Douai, y Laon, con nombres muy variados: la *Abbaye de Liesse*, el *Escache-Profit*, etc., compañías que, año tras año y con la ayuda de subsidios municipales, organizan concursos a los que se presentan las compañías de las ciudades vecinas. En Dijon existían las *troupes* de la *Mère Folle* y la *Infantérie dijonnaise*; los *Suppôts de la Mère Folle* en Lyon; los *Connard* en Rouen y también en Evreux; en Orléans los *Guespins*. La mayor parte de estas asociaciones gozaban de un gran renombre por todo el país por el que se desplazaban para dar representaciones que estaban precedidas de un desfile de los actores, seguido de una parada en la que éstos demostraban sus habilidades, para inci-

---

[14] Por oposición a las *confréries sérieuses*, provenientes de la transformación de los anteriormente citados *puys*, y que aparecieron a finales del siglo XIV, como los famosos *Confrères de la Passion*, de 1398, especializándose en representaciones dramáticas religiosas, como su propio nombre indica.

[15] *Le théâtre médiéval profane et comique*, pág. 55.

tar a la gente a ir al espectáculo, anunciado a gritos por las calles durante el desfile.

Además de estas innumerables compañías, existían también las que formaban los estudiantes y clérigos dentro de cada colegio y que constituían una especie de asociación corporativa, entre las que destacó sobre todas las demás la de los *Clercs de la Basoche* en París, corporación de los clérigos, abogados y procuradores del Palacio de Justicia (más de 10.000 en París, a finales del xv), de ahí el nombre de *Basoche*, del latín *Basilica*, vocablo que designaba, en un principio, un amplio edificio, en el forum, que servía de tribunal y de centro de negocios. La *troupe* se escindió en París y cada corte de justicia contó con la suya propia: *Basoche du Palais* —también denominada *Basoche du Parlement*—, *Basoche du Chatêlet* —o *Clercs du Chatêlet* y *Empire de Galilée*—, que, reagrupaba a los funcionarios de la Cámara de Cuentas.

Al mismo tiempo que en París nacieron *basoches* en casi todos los parlamentos de provincias, que fueron más numerosos en el centro y en el sur de Francia. Entre algunas de las primeras asociaciones citadas y las de la *basoche* hubo una especie de unión en los lugares en que existían dos o más, por lo que se fusionaron.

Aparte estas corporaciones y cofradías laicas, existía otro tipo de grupos, igualmente laicos, que llegaron a gozar de una fama considerable; en París se llamaron los *Enfants-sans souci*. Según Petit de Julleville, estaba formado por alegres jóvenes de buenas familias, al frente de los cuales estaba el denominado *Prince des Sots*. Debido a la competencia entre *basochiens* y *sots* en París y otras ciudades como Lyon, Dijon, Rouen, es decir, donde estaban las compañías más famosas, ambos grupos se unificaron con vistas a una mayor funcionalidad y buscando evitar una competencia perjudicial para ambas. Tanto una como otra corporación *(basochiens y sots)* estaban sólidamente constituidas; así, por ejemplo, los *Clercs de la basoche* estaban reglamentados según una organización jerárquica, a imitación de la del reino de Francia, pero con una estructura moderna: un rey elegido por votación con sus correspondientes dignatarios, cancilleres, consejeros de estado, ujier, procurador general, etc. Por su parte, los *Enfants-sans-souci* estaban agrupados según una jerarquía, a la cabeza de la cual estaba el *Prince des sots* y una *Mère sotte*. Los *sots* vestían con ropas de colores mitad verdes, mitad amarillas, que consistían en jubones y calzones ajustados; llevaban también cascabeles en las piernas y a veces una zanahoria en la mano; con frecuencia, se cubrían con un traje gris, pero lo más importante de la vestimenta era un capuchón con orejas de asno, distintivo de la torpeza. Otra característica del *sot* era su calvicie, al igual que el *Mimus calvus* del teatro latino.

Todas estas cofradías, asociaciones y corporaciones tienen su momento de mayor esplendor durante la segunda mitad del xv y primera del xvi, época ésta que va a coincidir con la plena hegemonía del teatro cómico sobre el religioso, aunque antes de esas fechas hay obras que merecen una atención especial y que demuestran que el teatro cómico, desde su nacimiento en el siglo xiii, evoluciona —o en todo caso no muere— lentamente, hasta llegar a su gran auge en el xv, por motivos que veremos más adelante.

Panorama del teatro cómico en los siglos xiii y xiv

Los primeros textos conservados del siglo xiii hemos visto que son de origen picardo, excepto alguno que otro de Rutebeuf; el primero en el tiempo es el ya conocido *Jeu de Saint Nicolas,* es decir, las escenas profanas de taberna que comprende la obra. Se supone su representación en la ciudad de Arras, alrededor de 1200.

La segunda obra es el *Jeu de Courtois d'Arras,* hacia 1220, llamada también *Monologue dramatique de Courtois d'Arras,* por contar con algunos versos narrativos; es semejante en muchos puntos a la obra anterior y, en opinión de Paul Zumthor, puede ser que formase parte de la representación de un *jeu* litúrgico.

El siguiente texto es el monólogo dramático titulado *Dit de l'herberie,* hacia 1260; compuesto en París por el poeta Rutebeuf, es la perorata de un vendedor de hierbas medicinales y pasa por ser el mejor de todos los *dits,* entre los cuales podemos citar otro del mismo autor, el *Dit de la Pauvreté Rutebeuf.*

La relación la continúa el *Jeu de la Feuillée* de Adam de la Halle, cuya fecha de representación es, probablemente, 1262; obra que consta de una sucesión de escenas satíricas, burlescas y maravillosas, unidas vagamente entre ellas por las divagaciones de un loco. Esta obra parece ser un precedente de las *sotties*, género que aparecerá en el siglo xv, y experimentará, conjuntamente con la *farce*, un gran desarrollo.

Sigue, en orden cronológico, *Le Garçon et l'Aveugle*, representada en Tournai hacia 1270; obra que está considerada como la primera farsa medieval y que desarrolla el tema del *Lazarillo de Tormes*. Es importante para la historia del teatro, ya que se emplea en ella el procedimiento del cambio de voz simulada: el *garçon*, que imita la voz de un burgués, amenaza y apalea al ciego.

La penúltima obra es la pastoral titulada *Jeu de Robin et Marion*, de Adam de la Halle, escrita en Nápoles entre 1281-1285, y representada posteriormente en la ciudad natal del poeta, es una pastoral hablada y cantada.

Finalmente, el *Jeu du Pèlerin*, representado en Arras como prólogo al reestreno del *Jeu de Robin et Marion*, en 1288, es una especie de homenaje a Adam de la Halle, muerto en Nápoles.

Este teatro del siglo xiii, aunque escaso, no deja de tener importancia por la variedad de géneros tratados: monólogo dramático, *sottie*, farsa y pastoral dramática. El siglo xiv nos ofrece muy pocos textos y, por supuesto, ningún autor que posea el talento de Adam de la Halle. Dos obras del poeta Eustache Deschamps (1346-1406), *Dit de Maistre Trubert et d'Antrognart* y *Dit des quatre offices de l'ostel du roy*, pueden considerarse como teatro, a pesar de que el autor no las destinara a la escena ni parecen haberse representado. La primera de ellas trata ya el tema del abogado deshonesto y es considerada como una farsa.

A finales del siglo xiv aparecen las *Moralités*, que continúan la línea del teatro profano de Adam de la Halle. Este largo silencio, en lo que concierne a representaciones profanas, debemos imputarlo al largo periodo de la Guerra de los Cien Años entre Inglaterra y Francia (1337-1453), guerra que afectó profundamente al pueblo y a la burguesía en su manera de vivir, y, por consiguiente, en su humor, así como a la peste negra que se extendió por el territorio francés entre los años 1348 y 1349. Estos dos hechos produjeron un mayor acercamiento del pueblo al teatro religioso, debido al temor a la muerte y a un olvido del cómico. En el momento de la llegada al poder de Luis XI (1461), el panorama que se encuentra el nuevo monarca no es muy alentador; la guerra había afectado principalmente a las regiones del Oeste, más cercanas a Inglaterra: Isla de Francia, Picardía y Normandía eran las regiones que más combates habían soportado y que más ocupaciones habían sufrido, ya que Bretaña había permanecido apartada de los conflictos y las demás regiones sufrieron en menor grado los efectos de la contienda. Los historiadores calculan que Normandía debió perder un tercio de su población en cien años, se arruinaron ciudades enteras, se quedó la tierra sin cultivar, y fueron abandonadas numerosas aldeas y pueblos. La población de Reims disminuyó hasta la mitad y otras ciudades fueron abandonadas por sus comerciantes y artesanos, que marcharon en busca de zonas menos afectadas por la guerra en las que ejercer su profesión. Ante este sombrío panorama, es fácil imaginar que la región picarda, que había sido el centro de la producción cómica del siglo XIII, deje de serlo durante todo el XIV y ninguna otra región tome el relevo, pues las representaciones no habían tenido jamás un desarrollo parecido en ellas al de la región citada y concretamente al de la ciudad de Arras.

Luis XI, llamado el «rey burgués», durante su reinado (1461-1483) va a reducir los privilegios de los nobles y estimular la ascensión de la nueva clase, la burguesía ciudadana, en detrimento de la rural; esta burguesía de clase media va a propiciar las condiciones de un tipo de teatro burgués y popular, que será al mismo tiempo una transposición de situaciones reales, hecho que impulsará el gran auge del teatro cómico a partir de ese momento, y una gran variedad y pluralidad de géneros, aunque antes de hablar de éstos vamos a detenernos, brevemente, a explicar el paso de las representaciones «públicas» en la plaza, con motivo de los carnavales o festividades señaladas, a un tipo de teatro mucho más organizado.

El espacio teatral en las representaciones cómicas medievales

Las representaciones de las que hemos hablado con anterioridad (fundamentalmente en el siglo XIII) tenían lugar en la plaza y, ante la ausencia de teatros o foros permanentes, se desarrollaban sobre un estrado levantado para la representación de las funciones religiosas, sobre todo los *mystères,* que se daban fuera de la iglesia —recordemos que el *Jeu d'Adam* o *Mystère d'Adam,* de finales del siglo XII, abre la serie de *mystères* y señala el comienzo del teatro francés secularizado. Este estrado se erigía sobre la plaza de un mercado, el patio de un convento o el cementerio próximo a una iglesia; su longitud era de unos 30 a 60 metros, y su profundidad de 6 a 8. Durante mucho tiempo se creyó que la escena estaba apoyada contra uno de los muros y circunvalada por los semicírculos concéntricos de gradas y plateas de madera, pero posteriormente se esbozó la teoría de que las partes que circundaban la escena debieron ser pequeñas[16]. En los extremos del estrado estaban el Paraíso y el Infierno, a derecha e izquierda del espectador, y entre ellos se yuxtaponían los distintos habitáculos o *mansions,* a las que se trasladaban los actores. Al no haber bastidores los comediantes esperaban en un habitáculo, o frente al público, a que les llegara su turno para entrar en escena. Debajo del estrado había una especie de cavidades por las que podían desaparecer los actores o personajes utilizando trampillas.

Las funciones de obras profanas, cuando no aprovechaban el decorado montado para las religiosas, tenían lugar en uno o varios estrados al aire libre, con una puesta en escena muy elemental la mayor parte de las veces, sobre todo cuando se trataba de composiciones breves. Con respecto a los textos de *moralités, sotties* o *farces,* el espacio escénico era con frecuencia el mismo que para los *mystères,* y el decorado simultáneo yuxtaponía los distintos lugares de la acción.

---

[16] Henry Rey-Flaud, *Le Cercle magique: essai sur le théâtre en rond à la fin du Moyen Age,* París, Gallimard, 1973.

Todo esto nos muestra cómo, por su estructura, el teatro cómico era fundamentalmente estático, sin una acción progresiva ni un ritmo adecuado, sino que se limitaba a presentar al público situaciones o escenas sin seguir un plan preestablecido y con la única finalidad de despertar la hilaridad y comicidad de los espectadores.

DISTINTAS CLASES DE REPRESENTACIONES PROFANAS

Ya hemos podido adivinar, al hablar del teatro del siglo XIII y XIV, los diferentes géneros existentes en el teatro cómico medieval, aunque en realidad éstos únicamente están esbozados y van a experimentar su desarrollo después de la Guerra de los Cien Años, por los motivos ya explicados. A pesar de que la variedad de géneros cómicos en el siglo XV, así como el carácter híbrido de buen número de obras dificultan enormemente el poder hacer entre ellas distinciones claras, Petit de Julleville clasifica toda esta producción cómica, según un criterio que nos parece muy acertado, en: *Monologues* y *Sermons joyeux, Moralités, Sotties,* y *Farces*[17].

El más elemental de todos estos géneros es sin duda el *Monologue dramatique* o *Sermon joyeux,* denominado de estas dos maneras, ya que en los siglos XV y XVI no se distinguía entre una u otra denominación, aunque hoy podemos poner de relieve algunas diferencias. Emile Picot distinguía, dentro de este género, varios grupos[18], entre los cuales el más extendido era el *sermon joyeux,* que consistía en una parodia del sermón de iglesia, con sus enseñanzas didácticas y sus exhortaciones morales incluidas, por lo que se recogía o repetía la estructura de aquéllos; es decir, una división en tres partes: exordio y enunciado de la citación, relato de la vida del santo y de su martirio, y finalmente una conclusión que admitía exhortaciones y consejos morales así como una llamada a la oración. En el *sermon joyeux*

---

[17] L. Petit de Julleville, *Répertoire du théâtre comique en France au Moyen Age,* París, Cerf, 1886.
[18] Emile Picot, «Les monologues dramatiques dans l'ancien théâtre français», *Romania,* XV (1886), págs. 358-422; XVI (1887), págs. 438-542; XVII (1888), págs. 207-275.

el actor se disfrazaba de predicador y, por regla general, comenzaba su discurso, de una longitud aproximada de doscientos versos, por un texto en latín macarrónico; más tarde hacía un panegírico chistoso y desarrollaba una exhortación burlesca, publicaba un mandamiento de *sots* o recitaba una anécdota. Los efectos cómicos que obtenía el recitador eran parecidos a los que obtenían los clérigos y estudiantes, con sus humoradas tradicionales, ya que, junto a las citas de textos latinos de iglesia, mezclaban bromas groseras y obscenas referentes al comer, al beber, y a la vida sexual, temas que ya había señalado Bajtin como predilecto del espíritu cómico medieval. Los nombres de los santos a los que alababa humorísticamente el recitador nos ilustran sobre los dos polos citados, el sexo y el vientre: *Sermon de l'Andouille* (especie de morcilla francesa), *Sermon de Saint Belin, Sermon d'un cartier de mouton, Sermon de la choppinerie, Sermon joyeux et de grande value à tous les foulx qui sont dessoulz la nue, Sermon de bien boire à deux personnaiges: le prescheur et le cuysinier, Sermon de Monseigneur Saint Jambon et de Madame Sainte Andouille, Sermon de Monsieur Saint Velu* (velloso), *Sermon de Monseigneur Saint Frappe-culz, Sermon de Saint Billonart, Sermon de Saint Oignon, Panégyrique de Saint Hareng, Les grands et merveilleux faits du Seigneur Nemo, Sermon de Saint Raisin, Sermon des maux que l'homme a en mariage, Sermon d'un fiancé qui emprunte un pain sur la fournée*, etc. Una de las condiciones requeridas para que estas obritas alcancen su grado más alto de comicidad es que deben constituir una imitación perfecta de los textos parodiados, contraste que provocará en el espectador la risa, al comparar situaciones serias con los simulacros o caricaturas escénicas que se le ofrecen; así, el *Panégyrique de Saint Hareng* es una copia de un sermón sobre la vida de San Lorenzo, quemado vivo sobre las parrillas. En general, en estos *sermons joyeux* la forma tiene más valor que el fondo y la risa estriba en la sátira del santo o personaje ridiculizado. La Iglesia los toleró hasta finales del XVI, en que, prohibidos en París, continuaron sobreviviendo en provincias.

Otro grupo, dentro de los *monologues dramatiques*, que parece haber gozado de gran éxito entre el público medieval, comprendía las peroratas y verborreas de los charlatanes, criados y lacayos que ofrecían sus servicios; los vendedores ambulantes, herbolarios, buhoneros y mercaderes, ofreciendo productos y hierbas medicinales para curar todos los males, y los sirvientes, que se ofrecían para cualquier tipo de asuntos o arreglos amorosos, que formaban una especie de subgénero dentro de los *monologues,* designados con el nombre de *monologues d'hommes à tout faire.* Eran, en general, más largos que el *sermon joyeux,* y en ellos el actor daba vida, siguiendo la tradición de los *dits* del siglo XIII, a un personaje muy determinado. La charla y reclamo del anunciante ponían de relieve la elocuencia y desenvoltura de estos vendedores ambulantes, que usaban de todas sus argucias con el fin de llamar la atención e interesar a la mayor parte posible de gente, para, porteriormente, vender sus productos. El efecto cómico se producía debido a las precipitadas y vertiginosas acumulaciones de los nombres de los productos anunciados, así como de sus virtudes mágicas y curativas, o de las virtudes con que se adornaban los lacayos que ofrecían sus servicios a quien quisiera contratarlos. Entre los más conocidos de este tipo concreto de *monologues* podemos citar: *Watelet de tous mestiers, Maistre Hambrelin, La Fille batelière, Le Valet à louer et à tout faire, Monologue d'un clerc de taverne, La Chambrière à tout faire, Maistre Aliboron,* etc.

Otro subgénero, dentro de los *monologues dramatiques,* lo constituían los *monologues des soldats fanfarons,* muy famosos en su tiempo, pero de los que nos han llegado muy pocos textos, aunque contamos con una excelente muestra: *Le Franc-archer de Baignollet,* compuesto entre 1468 y 1480, obra maestra del género, que fue imitada posteriormente en *Le Franc-archer de Cherré* (Angers, 1524), y *Le Pionnier de Seurdre*[19]. Estos personajes estaban inspirados en la milicia nacional, creada en forma de compañías por Carlos VII, por ordenanza del 28 de abril de 1448, milicia que estaba formada por hombres de la población civil, ya que cada comuna debía elegir a un franco-arquero al que se equipaba y libraba del impuesto al señor,

---

[19] La primera obra se atribuyó, en un momento dado y sin ninguna razón sobre la que apoyar la autoría, a François Villon. De las tres existe una edición relativamente reciente de L. Polak, publicada en 1966 por la editorial Droz de Ginebra. En el término *franc-archer* hemos respetado la traducción literal, aunque la expresión española más aproximada sería la de soldado de cuota.

pero que debía ponerse al servicio del rey en tiempo de guerra. Debido a su conducta deshonesta, y a sus continuas exigencias, llegaron a ser impopulares en extremo entre sus convecinos; a causa de su cobardía en el campo de batalla, negándose a veces a combatir, fueron suprimidas las milicias por Luis XI en 1480, aunque restablecidas más tarde por Carlos VIII y Francisco I, pero con los mismos resultados. Los tres textos citados presentan una estructura semejante en dos tiempos: *a)* presentación del fanfarrón por sí mismo, que cuenta y se vanagloria de sus hazañas y honores conseguidos, *b)* oposición entre el franco-arquero y un personaje imaginario o insignificante, que sirve para poner de relieve la cobardía y poca entereza del protagonista. Las tres obras mencionadas, que tienen 381 versos *(Le Franc-archer de Baignollet),* 552 *(Cherré)* y 670 *(Seurdre),* son una sátira feroz de estos hombres, a los que se atribuyen todo tipo de vicios y defectos, incluso el de la estupidez, ya que comienzan contando sus «hazañas» como les habría gustado que transcurrieran en la realidad, pero son incapaces de continuar hasta el final y ellos mismos narran la realidad, lo que da a la situación un gran efecto cómico; por ejemplo, en *Le Franc-archer o Pionnier de Seurdre,* el personaje cuenta la captura de un preboste bretón y añade luego que:

> mais sans payer rancon ne pris
> il m'eschappa car je fouy*.

el contraste obtenido por la oposición *il – je,* así como la similitud semántica de los verbos «escapar» – «huir», unido a la connotación negativa de éstos, y acumulado todo ello en un mismo verso, confiere una vivacidad insuperable a la acción. No es difícil deducir la semejanza entre estos personajes y su ancestral modelo, el *Miles gloriosus* de Plauto.

Un último tipo de *monologue* lo forman los llamados *monologues d'amoureux,* de los que han llegado hasta nosotros unos diez, entre los que citaremos como más importantes: *Le Résolu, Une Dame fort amoureuse d'ung sien amy, La Fille esgarée, Le Mono-*

---

* Pues sin pagar rescate ni recompensa
se me escapó, puesto que yo hui.

logue de la botte de foing y *Le Monologue du Puys.* El esquema que presentan es similar al de los *franc-archers,* aunque en este caso el protagonista es un conquistador fatuo y petulante, que presume del amor de su enamorada y narra las desventuras que le han impedido gozar de sus amores con ella.

Todos los *monologues dramatiques* son, por regla general, obras de teatro de un solo actor y reducidas a una acción muy pobre, en la que el personaje expone ingenuamente al público sus aventuras o desgracias; cuando la ocasión lo requiere, el protagonista, como sus antepasados los juglares, cambia de voz y da vida a otros personajes.

Vinculados de alguna manera a los *monologues dramatiques,* aunque sin llegar a ser íntegramente teatro, habría que citar las parodias o imitaciones humorísticas de algunos actos administrativos, políticos y jurídicos, entre los que tenemos como más importantes los *Mandements* y los *Testaments.* Los primeros caricaturizan de un modo burlesco las ordenanzas reales, cartas y privilegios concedidos a alguna de las cofradías citadas anteriormente. Eustache Deschamps nos ha dejado el texto más conocido de este apartado, la *Charte des Fumeux,* que consiste en 245 versos dirigidos a los oficiales de la cofradía de los borrachines, incluyendo igualmente a bebedores y jugadores.

El mismo Eustache Deschamps redactó en 1380 el *Testament* más conocido de su época, que consta de 104 versos y que parece inaugurar el género, que tendrá posteriormente un gran desarrollo y pasará a la posteridad gracias a François Villon y su famoso *Testament,* que elevó el género a una altura estimable, llegando a ser recitados en un estrado, como si de obras de teatro se tratara.

Estos testamentos burlescos seguían un esquema muy simple, repetido una y otra vez: *a)* presentación por parte del testador, en primera persona, y explicación de las razones que lo han conducido a testar; *b)* cuerpo central, propiamente dicho, del *testament,* en el que se incluyen los deseos y legados de la persona que testa; *c)* designación del ejecutor testamentario y exhortación a la oración o adiós al mundo. De estas tres partes, la central es la más importante y ocupa a menudo los dos tercios del texto. Naturalmente, estos testadores legan sus bie-

nes inexistentes o inútiles, o transmiten sus males o enfermedades a personas de las que quieren vengarse o ridiculizar.

Otro género en boga es el de las *Moralités*, de las que había-
mos constatado su aparición a finales del siglo xiv, y que han
llegado hasta nosotros en un número aproximado de sesenta.
Como su propio nombre indica, son obras de carácter didáctico, en las que se introducen personajes alegóricos con la intención y voluntad de extraer una enseñanza, que suele ser el
triunfo de la virtud sobre el vicio. Es un género con un regis-
tro muy variado, que, por su naturaleza, gravedad del tema y
tono, procede del teatro serio o religioso, pero que tiende, desde principios del xvi, a conceder un lugar cada vez más amplio
a los elementos cómicos. Según Lintilhac[20], constituyen un género intermedio entre los *mystères* y las *farces*, que va desde los
confines de uno de estos géneros a los del otro, aunque la delimitación no esté en absoluto clara, ya que en el repertorio citado de Petit de Julleville muchas farsas son denominadas *morales o moralisées* —muy cercanas a las *moralités allégoriques*—,
así como a algunas *moralités* se les añade el apelativo de *joyeuses*,
como otras veces se les llamará *moralités facétieuses*. Además de
todas estas denominaciones, habría que distinguir entre *moralités* cortas, que son aquellas que sólo son representadas por cuatro o cinco actores y cuentan con un centenar de versos, y las
moralités largas, que sobrepasan con facilidad el millar de versos y son representadas por diez o veinte actores. Las primeras
no tienen realmente una verdadera acción y se limitan a des-
cribir algún personaje o personajes representativos, completa-
dos con algún incidente o gesto simbólico que pone fin a la representación. Son piezas de intención claramente satírica, entre las que podemos citar: *Marchebeau, Science et Anerie, La Moralité de l'Aveugle et du Boiteux, Les Théologastres* y *La bergerie de
Mieux que Devant*. Las *moralités* largas ponen en escena una historia edificante[21], y utilizan los mismos medios dramáticos que

  [20] E. Lintilhac, *Histoire générale du théâtre en France*, t. II: *La Comédie, Moyen
Age et Renaissance*, París, Flammarion, 1905.
  [21] Además de todas las denominaciones de que hemos hablado, las *moralités*

los *mystères:* gestos espectaculares y efectistas para asombrar al público, y personajes antagonistas a los que se revestía de un gran dramatismo en su duda entre el bien o el mal, el vicio o la virtud; citaremos: *Les Enfants de Maintenant, La Moralité d'un Empereur qui tua son Neveu, La Moralité de Charité, Le Chevalier qui donna sa Femme au Diable, La Condamnation de Banquet, L'Homme Juste et l'Homme Mondain,* y la famosa *Bien Avisé, Mal Avisé,* representada en Rennes en 1439, que constaba de 8.000 versos y mencionaba cincuenta y nueve personajes alegóricos, tales como Razón, Contrición, Obediencia, Fe, Rebelión, Desenfreno, etc.; esta obra responde plenamente al objeto de las *moralités,* al poner en escena a dos personajes antitéticos que simbolizan el vicio y la virtud, terminando *Bien Avisé* en el cielo, y *Mal Avisé* en el infierno. Se sabe, igualmente, la fecha de representación de *L'Homme Pecheur,* 1494 en Tours, obra en la que figuraban abstracciones personificadas como Desesperación de Perdón, Vergüenza de Decir sus Pecados, Libre Albedrío, etc. Por su parte *La Condamnation de Banquet,* escrita por Nicolas de la Chesnaye en 1508, enfrenta a Merienda, Banquete y Cena con todas las clases de enfermedades: Apoplejía, Parálisis, Cólico, Hidropesía, etc., teniendo la obra como efecto principal una enseñanza moral e higiénica.

A pesar de los nombres abstractos de los personajes, las *moralités* reflejan a menudo la vida cotidiana de la época por medio de personajes como Iglesia, Nobleza, Alegre Locura, Avaricia, Humildad, Honor, Pobreza, etc., reflejando entonces caracteres y costumbres de la vida medieval. También pueden señalar o reflejar la vida política, como en *Métier et Marchandise, le Temps-qui-court,* de 1440 (hay una *farce* de 1450 con casi igual título: *Marchandise, Le Temps-qui-court, et Grosse Despence),* donde el autor pone de manifiesto las quejas de los campesinos, mercaderes, artesanos, etc., contra la guerra, que les dificulta la

---

también eran conocidas con el nombre de *Histoires* (en el antiguo teatro francés, una *histoire* por personajes era la representación dramática de acontecimientos históricos o legendarios que imitaban relatos o parábolas evangélicas; entre las más conocidas tenemos: *Histoire de l'orgueil de l'empereur Jovinien, Histoire et tragédie du mauvais riche, Histoire de l'enfant prodigue.* Eran una especie de parábolas dialogadas que mezclaban escenas serias y edificantes con otras de *farce,* y debido a este contraste entre lo serio y lo cómico, algunas eran representadas.

manera de ganarse la vida y terminando con la esperanza de que Carlos VII ponga remedio a ese estado de cosas.

En *Le Nouveau Monde* de André de La Vigne, representada en 1508, el autor pone de manifiesto su posición política, al lado del rey y en contra de la Iglesia. De 1512 es la *moralité* titulada *L'Homme obstiné*, compuesta por uno de los escritores más famosos de su tiempo, Pierre Gringore, que la hizo representar al mismo tiempo que una *sottie* que trataba el mismo tema: un ataque al Papa Julio II, en defensa de la posición real.

La *moralité* conoció un gran éxito en su tiempo, pero hoy nos parece particularmente aburrida y pesada, debido a sus abstracciones personificadas (Humildad, Penitencia, Honor, Necedad, Pobreza, Latrocinio, etc.), así como a su falta de observación directa de las costumbres y de los caracteres. Su desaparición tiene lugar hacia mediados del siglo XVI.

«SOTTIES» Y «FARCES»

El género de la *sottie* es uno de los dos más importantes de todo el teatro cómico francés del medievo, aunque a veces llega a confundirse con el de la *farce*, cuya delimitación es difícil, al tener características muy parecidas en todos los órdenes. Son ya obras mucho más complejas las que se representan, y podemos afirmar que nos encontramos ante un verdadero teatro, a pesar de la pobreza de los medios escénicos, ya que la técnica del diálogo está mucho más desarrollada.

Las opiniones expresadas sobre la diferencia o similitud entre *sottie* y *farce* han sido muy variadas, por lo que merece la pena hacer una breve exposición cronológica de éstas.

El poeta Jean Bouchet (1476-1557), perteneciente a la generación de Jean Lemaire de Belges, llevado por su gran pasión por el teatro y la puesta en escena, ve en la *sottie* una especie de sátira y escribe en 1545:

En France elle a de sottie le nom
Parce que sotz des gens de grand renom

Et des petits joüent les grandes follies
Sur eschaffaux en parolles polies[22]*.

Por la misma época, el discípulo de Marot, Thomas Sébillet (1512-1589), en su obra *Art poétique*, de 1548, afirma que el verdadero sujeto de la *Farce ou Sottie Françoise* son bromas, memeces, necedades, y toda clase de sátira que provoque la risa y el placer. El situar en un mismo plano los dos géneros nos muestra que Sébillet no establece distinción alguna entre ellos.

Ya en el siglo XIX, Petit de Julleville es el primero que parece inclinarse por la distinción de los dos géneros, al abordar la cuestión en su obra *Les Comédiens en France au Moyen Age,* ya citada anteriormente, donde defiende que la *sottie* desarrolla una concepción idéntica a la *Fête des Fous,* que consistía en una parodia universal y en un desorden y trastocamiento de la jerarquía feudal establecida. La *farce,* por el contrario, se contentaba con copiar la realidad, exagerándola para que llegara con más facilidad al público. Según Julleville, es una distinción que no permite diferenciar claramente los dos géneros, ya que para él la *sottie* es una *farce* representada por *sots.*

Emile Picot, que entre 1909 y 1912 agrupa las *sotties* en tres tomos, las distingue de las *farces* por el título, la naturaleza de los personajes y el diálogo, que presenta en la *sottie* influencias y huellas de la *fatrasie*[23].

En el año 1932, B. Swain[24] analizó las piezas reunidas por Picot y vio en ellas un modo de expresión de las *confréries* o *sociétés joyeuses,* que provenían de la *Fête des Fous,* como ya había avanzado Petit de Julleville, adjudicando a las *sotties* un carácter satírico mayor que el de las *farces,* aunque sin olvidar que estas

* «En Francia se le da el nombre de *sotie,* porque el papel de *soltz* (necio), que conlleva representar grandes necedades con bellas palabras, lo hacen tanto la gente de alto rango como los humildes, en el estrado.»

[22] Citado por Petit de Julleville en *La Comédie et les moeurs en France au Moyen Age,* París, Cerf, 1886, pág. 71.

[23] Género poético del siglo XIII, que se reconoce por su forma y por su texto. Es una estrofa de forma fija, cuyos versos se ordenan según el esquema *aabaab babab.* Los personajes de la *fatrasie* son animales, abstracciones, fenómenos de la naturaleza, etc. La acción suele ser bastante banal y el poeta no tiene, generalmente, una finalidad seria. Sobre este tema consúltese la obra de Lambert C. Porter, *La Fatrasie et le Fatras,* Ginebra, Droz, 1960.

[24] B. Swain, *Fools and Folly during the Middleages and the Renaissance,* Nueva York, 1932.

confréries o *sociétés* no distinguían genéricamente entre unas y otras.

Eugénie Droz publica en 1935 una recopilación de *sotties* inéditas, compuesta por 35 piezas y bajo el título de *Recueil Trepperel I: Sotties,* en donde hay incluidas dieciséis *sotties* y cinco *farces.* La investigadora afirma categóricamente que no hay distinción entre los géneros dentro de los textos, que podían ser, en el momento de la representación, *farce* o *sottie,* a elección de los actores.

El primero que distinguió muy claramente entre los dos géneros fue Ian Maxwell, que en 1946 afirma en su libro *French Farce and John Heywood* que, a pesar de no tener una frontera muy marcada, *farce* y *sottie* constituyen dos reinos separados, opinión que desarrollará ampliamente Barbara Cannings Bowen en su tesis doctoral: *Les Caractéristiques essentielles de la farce française et leur survivance dans les années 1550-1620* —realizada en la Sorbona, bajo la dirección del prestigioso historiador de literatura francesa Raymond Lebègue—, afirmando que:

> Les personnages de la farce sont ancrés dans la réalité: ils ont une femme, des enfants, un foyer, un métier, et, symbole de tout cela, un nom. Ils sont peu nombreux, peu de farces dépassent six acteurs, et la plupart en ont deux, trois ou quatre. Les personnages des sotties sont souvent nombreux et désignés par des numéros (le «Premier sot», le «Second», etc.). Le lieu de l'action est symbolique ou vague, puisque les sotties ne sont aucunement une simple «tranche de vie». Leur langage est plus stylisé que celui des farces et leur contenu est ou simplement fantastique, ou amèrement satirique (...). Le ton de la satire est autre dans les farces, au lieu de se moquer férocement de quelqu'un ou de quelque chose, le Pape, la corruption de l'Eglise, l'auteur de farces traite toute l'humanité avec un humour légèrement satirique, mais surtout tolérant. La dernière grande différence est dans l'action. L'action d'une sottie est allégorique ou satirique (...). Dans une farce, l'action conduit à un dénouement*.

---

* «Los personajes de la farsa están anclados en la realidad: tienen una mujer, hijos, un hogar, un oficio, y, como símbolo de todo eso, un nombre. Son poco numerosos, pocas farsas superan el número de seis actores, y la mayoría tienen dos, tres o cuatro. Los personajes de los *sotties* son con frecuencia numerosos y

En opinión de Daniel Poirion, la diferencia entre *sottie* y *farce* estriba en la disposición dramática, ahondando también en la opinión de Emile Picot, según la cual la *sottie* se asemeja a las *fatrasies*:

> Le genre de la sottie correspond au degré zéro de construction dramatique; la farce est au contraire ingénieusement conduite, selon les différents mécanismes de la ruse et de la malice. La sottie reste en somme proche de la poésie, car elle se fonde uniquement ou presque sur des effets de langage et plus exactement sur ce jeu étrange qui célèbre avec ferveur le culte d'une folie libératrice. La sottie se rapprocherait ainsi de la «poésie irrationelle des fatrasies, mais avec une plus large orchestration verbale (...)». La liberté des propos permet, à l'occasion, de prendre à partie tel ou tel type social ou politique. Mais nous avons plus souvent affaire à un rire d'évasion, qui flatte l'imagination de l'époque et son goût pour le bizarre[25]*.

J.-C. Aubailly[26] enfoca el problema desde un ángulo distinto, y para él la *farce* es un simple divertimento dirigido a los sentidos y orientado hacia la comicidad franca e inocente; por

___

designados por medio de un número (el "primer sot", el "segundo sot", etc.). El lugar de la acción es simbólico o vago, ya que las *sotties* no son de ninguna manera "un trozo de vida". Su lenguaje es más estilizado que el de las farsas y su contenido es o simplemente fantástico, o amargamente satírico (...). El tono de la sátira es diferente en las farsas, en lugar de burlarse ferozmente de alguien o de algo (el Papa, la corrupción de la Iglesia, etc.) el autor de farsas trata a toda la humanidad con un humor ligeramente satírico, pero sobre todo tolerante. La última gran diferencia está en la acción. La acción de una *sottie* es alegórica o satírica (...). En una farsa, la acción conduce a un desenlace.»

* «El género de la *sottie* corresponde al grado cero de la construcción dramática; la farsa está, por el contrario, ingeniosamente conducida de acuerdo con diferentes mecanismos de la astucia y de la malicia. La *sottie* se encuentra, en definitiva, próxima a la poesía, porque se basa casi o únicamente en efectos de lenguaje y, más exactamente, en ese juego extraño que celebra con fervor el culto de una locura liberadora. La *sottie* se acercaría de esta manera a la "poesía irracional de las *fatrasies*", pero con una orquestación verbal más amplia (...). La libertad de intenciones permite, ocasionalmente, considerar separadamente este o aquel tipo social o político. Pero aquí, a menudo, de lo que se trata es de una risa de evasión que adula la imaginación de la época y su gusto por lo extraño.»

[25] Daniel Poirion, *Littérature française: Le Moyen Age (1300-1480)*, París, B. Arthaud, 1971, pág. 169.

[26] J.-C. Aubailly, *Le théâtre médiéval profane et comique*, París, Larousse, 1975.

lo que respecta a la *sottie,* es este un género más intencionado y dirigido a la inteligencia, buscando la provocación por medio de una risa punzante y casi obligando al espectador a una toma de posición.

En este *mare magnum* de opiniones se ha llegado incluso a afirmar que la diferencia entre los dos géneros estriba en que la *sottie* es una forma de teatro cómico, específicamente homosexual, basándose la enunciadora de dicha tesis, Ida Nelson[27], en el hecho de la profusión de un lenguaje licencioso y obsceno, por medio del cual se expresa una forma de liberación, fuera de las prohibiciones y obstáculos morales.

En cualquier caso, parece muy difícil diferenciarlas y, a veces, es prácticamente imposible; si existe una diferencia fundamental, tal vez sea el que la *sottie* concede más importancia al diálogo, mientras que la *farce* lo hace a la intriga. También por lo que respecta a la acción hay una clara diferencia: la *farce* presenta una acción lineal, acción que encierra un trasfondo más sutil en la *sottie.*

Como características concretas de la *sottie,* hay que decir en primer lugar que con ella se comenzaba el espectáculo, que continuaba con un *monologue dramatique,* seguía con una *moralité* y finalizaba con una *farce;* era, por tanto, la pieza que animaba al público, haciéndole volar la imaginación. Los principales papeles eran representados por los *sots,* o por personajes entroncados con ellos como los *galants.* Estos actores pertenecían, por lo general, a cofradías de *sots;* una *sottie* ponía en escena a uno o varios *sots,* a los que podían añadirse el *Prince des Sots* (o *Mère sotte, Mère folle, Mère de ville,* etc.), un personaje alegórico *(Monde, Chacun, Bon Temps, Folie,* etc.) y un comparsa como el *badin* o bromista, del que volveremos a ocuparnos al hablar de la *farce* ya que es una creación casi particular de ella. Por término medio, la *sottie* constaba de 300 a 500 octosílabos; detrás de su disfraz, los *sots* podían permitírselo todo, así como satirizar a cualquier persona o estamento social, político o religioso. La corta acción de que constaba la obra permitía a los *sots* dar saltos, piruetas, brincos y todo tipo de acrobacias, así como usar

---

[27] Ida Nelson, *La Sottie sans souci, essai d'interprétation homosexuelle,* París, Champion, 1977.

retruécanos, repeticiones, enumeraciones vertiginosas y todo tipo de escenas bufas sin ninguna hilación a veces. Raymond Lebègue nos proporciona, entre otros ejemplos, una muestra de un doble monólogo en *Le Gaudisseur qui se vante de ses faits et un sot qui lui répond au contraire:*

> (Gaudisseur)
>> On me fit asseoir à la table
>> Comme un roi ou un connétable
>> Et servir à mode de Cour*.

> (Sot)
>> Par ma foi, voici bonne fable
>> On le fit mettre en une étable
>> Près les latrines de la Cour**.

No hay entre las *sotties* una acción coherente, y todo ocurre de un modo rápido, para provocar la sorpresa del espectador; los *sots* irrumpen ruidosamente en escena, intercambiando rápidas réplicas mezcladas con proverbios y canciones o equívocos obscenos, donde todo se sacrifica a la fantasía verbal. A veces, la obra denuncia un escándalo privado, como ocurre en *Sottie por le Cri de la Basoche*, o un abuso social, como en *Folie des Gorriers;* en *Les Gens nouveaux qui mangent le monde et le logent de mal en pire,* el autor arremete contra los abogados ávidos de dinero, los procuradores embrolladores, los médicos ignorantes, los sacerdotes libidinosos, los soldados brutales y saqueadores y las promesas incumplidas de los gobernantes. No es tampoco extraño que el autor critique la política interior del gobierno de la nación: *Sottie de l'Astrologue, Les Sots Ecclésiastiques;* excepcionalmente, la crítica alcanza al Papa Julio II, que

---

* (Gaudisseur)
>> Me hicieron sentarme a la mesa
>> como si fuera un rey o un condestable
>> y me sirvieron como suelen hacerlo en la Corte.

** (Sot)
>> A fe mía, aquí tenéis una buena fábula
>> lo metieron en un establo
>> cerca de las letrinas de la Corte.

es presentado bajo los rasgos de la *Mère Sotte,* en *Sottie du Prince des Sots,* de Pierre Gringore. Esta obra está considerada como la más célebre de todas, así como su autor, y fue representada en *Les Halles* de París el martes de carnaval 24 de febrero de 1512, interpretando el propio autor el papel de *Mère Sotte,* haciendo de la obra una especie de comedia política.

Luis XII, durante su reinado (1498-1515), no sólo permitió estas representaciones, sino que incluso las impulsó para conocer los abusos que denunciaban y obrar en consecuencia. Su sucesor, Francisco I, advertido de los peligros que podían representar contra el poder real, las prohibió y castigó con rigor a las cofradías que las representaban, hecho que explica la casi desaparición del género, lo que ocurre, por desgracia, con la ordenanza de Blois en 1580, bajo el reinado de Enrique III, el último rey de la casa de Orleáns.

En lo que concierne a las *farces,* constituyen éstas el género más abundante y perdurable del teatro cómico medieval, ya que continúan teniendo vigencia hasta finales del siglo XVII, y su repertorio incluye cerca de la mitad de las obras cómicas de los siglos XV y XVI.

La etimología de la palabra *farce* proviene del latín popular *farsa,* femenino de *farsus,* participio de pasado de *farcire,* que significaba rellenar. El vocablo tenía primitivamente, en sentido figurado, el mismo sentido que le damos hoy en lenguaje culinario: para un gastrónomo, es una agradable mezcla de ingredientes que se agrega a un plato para sazonarlo. Por analogía, en el siglo XV tomó el sentido de pequeña pieza bufa, probablemente porque este tipo de obras era introducido en la representación de un *mystère* a modo de intermedio cómico, para distraer a los espectadores en el descanso de las largas representaciones religiosas, o como «relleno», igual que el picadillo o relleno con especias (*farce* en francés) que se introducía en los pollos, pavos, patos y otras aves de corral, antes de guisarlas.

Littré piensa que el vocablo *farce* se justificaba por el contenido propio de la obra: «quelque chose de mélangé et d'agréable, c'est-à-dire une espèce de revue de sujets divers», dentro de la cual «on mêlait à la langue vulgaire des mots du latin ou même d'une autre langue»*.

La cifra de *farces* representadas se estima en un millar aproximadamente, de las cuales han llegado hasta nosotros unas ciento cincuenta, compuestas entre 1440 y 1560; a este respecto es necesario aclarar —ya que hemos citado reiteradamente el siglo XVI— que puede sorprender el que un análisis orientado hacia un género medieval se encabalgue sobre un siglo definido fundamentalmente como renacentista; parece útil recordar, sin embargo, que el desarrollo genérico del teatro se inserta en un proceso ambiguo, en el que las pervivencias no pueden ser consideradas del mismo modo que las que van referidas a la prosa y al lirismo poético. Si es preciso adoptar un criterio de carácter cronológico, en el caso del teatro sería necesario referirlo mucho más al desarrollo de la *Commedia dell'Arte*[28] que al simple cambio de siglos.

---

* «algo variado y agradable, es decir, una especie de inventario de temas diversos» dentro de lo cual «aparecían, junto a la lengua vulgar, vocablos del latín o incluso cualquier otra lengua».

[28] El término *Commedia dell'arte* hace referencia a la organización profesional e industrial del teatro, nacida en Italia a mediados del siglo XVI y extendida luego desde ese país a todos los restantes de Europa. En la *Commedia dell'arte* el trabajo del actor es transformado en una verdadera profesión, por encima del de autor, ya que, con frecuencia, la habilidad en la recitación se sobrepone al texto hasta hacerlo olvidar. En el campo literario, la *Commedia dell'arte* no aportó prácticamente nada nuevo, pues tomó motivos e ideas de la comedia clásica y en menor grado del teatro popular italiano, heredero de las atelanas latinas; asimismo, continuó la obra de estilización de los personajes, tranformando los caracteres en tipos fijos o máscaras *(Arlecchino, Pantalone, Brighella, Pulcinella, Capitan Spaventa,* etc.), lo cual le permitía responder mejor a las exigencias de la recitación improvisada que imponía la especialización de cada actor. En el campo de la escenografía, de la mímica, y de la recitación, su influjo en Europa fue inmenso y profundo. La primera compañía cómica de la que tenemos noticia aparece en Padua en 1545. El éxito de estos comediantes italianos en Francia impuso esta *Commedia dell'arte* o comedia de oficio, representada por profesionales. Desde la misma década de los 40, G. A. Romano, denominado Valfenière, dirigía en París una *troupe* compuesta por actores italianos y franceses, que representaban comedias italianas en la corte, entre 1548 y 1556. A partir de 1570, *troupes* italianas, llamadas por el rey o los nobles, se desplazan a representar en Francia, recorriendo también las provincias y estableciéndose algunas de ellas en el propio París, donde se les alquiló el Hotel de Bourgogne en 1583. Estos comediantes se extendieron por España, Inglaterra y Polonia, aunque donde más éxitos obtuvieron fue en Francia.

Las *farces*, como hemos visto anteriormente, presentan con frecuencia bastante dificultad al intentar diferenciarlas de los demás géneros cómicos, pues tienen en común con ellos muchos temas y personajes, lo que explica que sea un género difícil de clasificar y el que los títulos abunden en epítetos de, no siempre, la misma significación: *nouvelle, très joyeuse, fort plaisante, récréative, badine, facétieuse, folastre, morale, moralisée**, etc., adjetivos que no expresan ninguna particularidad en especial, sino un modo de calificar la obra por parte del autor, que es generalmente anónimo. La extensión de estas piezas oscila entre los 300 y los 400 versos, ya que son obras de una dimensión reducida, dimensión que podría equipararse a la de un acto de una comedia clásica. Una minoría de ellas comprende entre 400 y 1.000 versos, siendo la excepción *Maistre Pathelin*, que cuenta con 1.598. El metro utilizado es el octosílabo de rimas *plates*, es decir, la disposición más simple de la métrica francesa: versos entre los que alteran dos de rima femenina (el verso termina en «e») y dos de rima masculina (el verso no termina en «e»); la rima se hacía más para *l'oreille* que para *l'oeil ***, con lo que se ayudaba a la memorización por parte del público; la escansión era muy flexible, ya que presuponía una gran libertad en la pronunciación y propiciaba una mayor ayuda para que el autor transcribiera, lo más fielmente posible, el lenguaje hablado. En ocasiones podemos encontrar *farces* construidas con versos de cinco sílabas.

Al ser obras tan cortas, lógicamente no hay actos ni escenas, sino que la acción o intriga se interrumpe por medio de una breve pausa. Hemos dicho intriga, cuando en realidad estas obritas, normalmente, no desarrollan una intriga, dado que los autores se limitan a presentar a sus personajes en circunstancias que permiten al espectador adivinar sus rasgos cómicos, vicios, defectos, etc. Por su parte, los espectadores no asistían a la función para ver desarrollar una intriga, sino para vivir una escena tras otra, escenas que normalmente eran episodios conocidos que el público gustaba de rememorar. Eran,

---

* «nueva», «muy alegre», «muy placentera», «entretenida», «jocosa», «burlesca», «alocada», «moral», «ejemplarizante», etc.

** ser oída que para ser leída.

en ese aspecto, más «cuadros vivos parlantes» que verdadero teatro.

Así pues, la acción es muy simple y rudimentaria, limitándose a sencillos *sketchs* o escenas de carácter cómico, aunque realizadas siempre con tal habilidad que, por reducida que sea la acción, nos da una gran impresión de movimiento, producido por un diálogo ágil y rápido.

Otras veces las obras se basan en un simple juego verbal, que lleva a los personajes a una falsa comprensión del lenguaje, comprendiendo éste términos y vocablos que producen la hilaridad y comicidad de los espectadores, gracias a las situaciones equívocas y disparatadas que se ocasionan.

El lugar de representación de las *farces* podía variar desde la calle o plaza, con ocasión de las ferias locales, hasta un sitio cerrado, como podía ser una hostería, un mesón, o cualquier posada del camino, además de los estrados citados en que se representaban los *mystères*, entre los que se insertaban las *farces,* o también, como hemos dicho, sirviendo para finalizar el espectáculo teatral; en ocasiones muy concretas, las representaciones podían tener lugar en los castillos o palacios de los nobles o grandes señores.

Por lo que respecta a los personajes que aparecían en las *farces,* variaban entre dos y seis; a diferencia de las *moralités,* y también de las *sotties,* no son alegorías, sino que su procedencia está extraída de las distintas capas sociales: campesinos, soldados, curas, pequeño burgueses, etc., es decir, gentes de baja condición descritas todas ellas en su ambiente familiar. Estos personajes están todos definidos por su condición: el marido, la mujer, el *badin,* el criado, el enamorado, el cura, el abogado, etcétera, y se caracterizan por su situación conyugal y doméstica o por su oficio —algunas veces por los dos—; son, pues, personajes sacados de la vida cotidiana, de una manera esquemática y caricaturizada, que no reflejan su individualidad propia, sino que, por el contrario, forman arquetipos o caracteres sociales: charlatanes embaucadores, mujeres astutas, maridos burlados y engañados, sacerdotes libidinosos, abogados sin escrúpulos, criados estúpidos, etc. etc., que son la representación, tanto por su condición u oficio, como por sus palabras o manera de obrar, de todos los vicios y defectos inherentes a su profesión. Así, los comerciantes son, por regla general, desho-nestos, los soldados fanfarrones y cobardes, los curas y monjes glotones y lascivos y los mendigos ladrones; desfilan de este modo, prácticamente, todos los estamentos y profesiones con sus defectos más acusados. Los caracteres de los personajes citados son puestos de relieve mediante rasgos definitorios muy concretos que los retratan de una manera inconfundible: el marido ridículo, engañado, oprimido o burlado, se llama *Jouan, Jehan, Jenin o Jenninot;* la mujer, casada por interés, engaña al marido, al que tiene idiotizado, haciéndole pasar por situaciones ridículas sin que éste se dé cuenta de ello; los curas y monjes, dispuestos siempre a aprovechar la menor ocasión cuando se trata de comer y beber o de asuntos carnales, y que en lugar de acercar a los feligreses a la Iglesia, los alejan con su mal ejemplo.

De toda esta galería de personajes que desfilan a través de las *farces* merece mención especial la figura del *badin,* que se puede equiparar a la del *sot,* aunque con unas connotaciones especiales de imbecilidad e ingenuidad, y que al aparecer en escena despierta, inmediatamente, la hilaridad del público. Muchas veces este *badin* es un criado que se equivoca continuamente y embrolla situaciones; otras, es un joven que no deja de hacer tonterías y se mueve sin reposo, yendo y viniendo, lo que provoca situaciones jocosas debido a las continuas y estúpidas interrupciones. Contribuye, igualmente, a crear un ambiente francamente cómico la manera en que aparece ataviado en escena: la cara enharinada y a veces manchada de tinta, adornado con plumas de gallo y ropas sucias, llevando sobre la cabeza el capillo o capucha que se ponía a los niños para bautizarlos, distintivo de su poca inteligencia e infantilismo. Sobre la figura del *badin* se orienta frecuentemente la pieza, pues es él quien desempeña el papel del marido burlado, y sus gestos, mímica, preguntas confusas, así como su disfraz, dan consistencia a la obra. De la importancia y relevancia de estos personajes dan fe numerosos testimonios y la fama de que gozaron algunos actores; así, en el primer cuarto del siglo XVII representaron innumerables *farces* con un gran éxito un famoso trío de *farceurs* que han pasado a la posteridad con los pseudónimos de Gros-Guillaume, Gaultier-Garguille y Turlupin (aunque sus verdaderos nombres fueran Robert Guérin, Hugues Guéru y Henri Legrand).

En cuanto al público, éste es poco exigente y pretende sobre todo divertirse; en ocasiones se encuentra mezclado con los actores y pertenece a la capa social baja, que se ve retratada de una forma exagerada y despiadada; cuando se trata de nobles o burgueses ricos están sentados en sillas dispuestas alrededor de la escena, o en una especie de palcos —si la representación tenía lugar en teatros permanentes—, a los que acceden por medio de escalas y desde donde se mezclan con los actores, por lo que es, sobre todo en el primer caso, un espectáculo colectivo de participación.

Los temas y situaciones de las *farces,* que se repiten constantemente, proceden, como ya hemos afirmado, de la vida cotidiana, con atención especial al matrimonio, que es fuente de riñas y engaños, y, de acuerdo con la tradición medieval, los defectos principales son atribuidos a la esposa que no siente ningún remordimiento ni escrúpulo en engañar o ridiculizar al marido, al tiempo que saca un provecho de ello, generalmente carnal. Por su parte, el marido no sale mejor parado, al ser motivo de mofa y burla, e incluso ser tratado como un esclavo. Parece ser que el argumento o la situación son a veces extraídos de la vida real (de ahí la expresión: *faire une farce à de quelqu'un*) *, aunque normalmente su procedencia sean cuentos, *fabliaux* y relatos orales de juglares que repiten una y otra vez temas y situaciones.

Las caracterizaciones lingüísticas sobre las que se asienta este tipo de obras, además de los ya citados juegos verbales, son múltiples: repeticiones, enumeraciones interminables, peroratas, equívocos, diálogos cortados, aliteraciones, juegos de palabras, equivocaciones intencionadas o *quid pro quo,* retruécanos, así como toda una extensa gama de jergas o dialectos ininteligibles que sirven para confundir a los interlocutores. La finalidad de todo esto es, como puede deducirse fácilmente, divertir y hacer reír continuamente al espectador, empleando para ello cualquier medio al alcance de los actores. No existe,

---

* hacer chanza de alguien, burlarse de o tomar el pelo a alguien.

por lo tanto, ningún otro propósito didáctico como puede ser el de educar o instruir, siendo la moraleja nula e inexistente y pudiéndose afirmar, en todo caso, que la *farce* es más bien amoral, ya que ningún personaje sale bien librado, y todos y cada uno de ellos se caracterizan bien por su bribonería, bien por su estupidez.

A diferencia de las *sotties,* que desaparecen debido a edictos reales, las *farces* seguirán representándose aún en el siglo XVII, a condición de que no fustiguen a los nobles o a la Iglesia; su moda llega casi a la comedia de Molière, que se inspira en situaciones y personajes de la *farce* medieval.

De la vigencia y actualidad de la *farce* dan fe las numerosas adaptaciones de muchas de ellas al francés moderno, hecho que prueba cómo han perdurado en el espíritu francés, después de cinco siglos, que aún sigue apreciando las mismas situaciones y temas. En suma, este tipo de espectáculos ligeros perdurará a través de los tiempos y continúa siendo apreciado por los espectadores, como lo demuestran a finales del XIX y principios del XX las obras de Courteline y Feydeau. Ya en pleno siglo XX, toda una producción cómica se identifica con las *farces* medievales, a pesar de que las denominaciones aplicadas a este tipo de obras son muy diversas: «Teatro de Boulevard» (Sacha Guitry, Marcel Achard), «Comedia Bufa» *(Tonton* de Marcel Pagnol y Paul Nivoix), «Comedia o Sátira de Costumbres» (Edouard Bourdet), «Teatro Mermelada o de Cóctel» *(Un homme comme les autres,* de Armand Salacrou), «Comedia o Farsa Satírica» *(Knock ou le Triomphe de la médécine* y *Donogoo* de Jules Romains), «Farsa Lírica» *(Le Cocu magnifique* de Fernand Crommelynck), «Teatro de Vaudeville» (Marc Camoletti, André Roussin, Félicien Marceau, etc.), y, quizá algunas otras. Lógicamente, en esta enumeración no quedan incluidos autores cuyas innovaciones escénicas marcan la evolución del teatro francés durante el presente siglo, pero cuyos recursos mantienen como herencia buena parte de los procedimientos farsescos: golpes efectistas, bastonazos, gesticulaciones exageradas, etc., a los que añadiríamos —en estos casos concretos— el recurso al absurdo; así habría que considerar al Jarry de *Ubu Roi* (1896), al Apollinaire de *Les Mamelles de Tirésias* (1917), al Vitrac de *Victor ou les Enfants au pouvoir* (1928), aparte de la producción dramática de Dada, las obras de Boris Vian, de Io- nesco o de Michel de Ghelderode, entre otros. En general, to- dos los recursos utilizados por unos y otros autores confirman una vieja fórmula aún vigente, y es que la pasión por el teatro, ya se sea actor o espectador, es uno de los más elementales ins- tintos del hombre que parece superar el paso de tiempos y modas.

REPERTORIO DE FARSAS FRANCESAS

Amoureux (Un).
Antéchrist et trois femmes (L').
Arbalète (L').
Arquemination.
Audin et le curé.
Aventureux et Guermouset (L').
Aveugle et son valet tort (L').

Badin qui se loue (Le).
Bateleur (Le).
Barat et le vilain.
Bouteille (La).

Capitaine Mal-en-point (Le).
Cauteleux, Barat et le vilain (Le).
Celui qui se confesse à sa voisine.
Chambrières (Les).
Chambrières qui vont à la messe de cinq heures (Les).
Chaudronnier (Le).
Chaudronnier, le savetier et le tavernier (Le).
Clerc qui fut refusé à être prêtre (Le).
Colin qui loue et dépite Dieu.
Conseil au nouveau marié (Le).
Cornette (La).
Couturier et Esopet (Le).
Cris de Paris (Les).
Cuvier (Le).

Deux femmes qui coiffèrent leurs maris par le conseil de Maître Antitus (Les).
Deux francs archers qui vont à Naples (Les).
Deux gentilshommes, le meunier, la meunière et les deux demoiselles (Les).

Deux hommes et leurs deux femmes dont l'une a malle tête et l'autre est tendre du cul (Les).
Deux savetiers (Les).
Droits de la porte Bodes (Les).

Femme, le badin et les deux voisins (La).
Femme muette (La).
Femmes et le chaudronnier (Les).
Femmes qui font bayer leurs maris aux corneilles (Les).
Femmes qui font croire à leurs maris de vecies que ce sont lanternes (Les).
Femme qui fut dérobée à son mari en une hotte (La).
Femmes qui font curer leurs chaudrons (Les).
Femmes qui font refondre leurs maris (Les).
Femmes qui font rembourrer leur bas (Les).
Figue, Noix et Châtaigne.
Frère Guillebert.
Frère Philibert.

Gentilhomme et Naudet (Un).
Gentilhomme et son page (Un).
Gentilhomme gascon (Un).
Georges le Veau.
Goguelu (Le).

Jeannot, Jeannette, l'amoureux, le fou, le sot.
Jehan de Lagny.
Jenin fils de Rien.
Jeninot qui fit un roi de son chat.
Jeune moine et le vieux gendarme (Le).
Jolyet, la femme et le père.

Léger d'argent.
Lucas, le bon payeur.
Lucas, sergent boiteux et borgne.

Mahuet badin qui donne ses oeufs au prix du marché.
Maître Jehan Jenin, vrai prophète.
Maître Mimin.
Maître Mimin étudiant.
Maître Mimin le gouteux.
Maître Mimin qui va à l'école.
Maître Mimin qui va à la guerre.
Maître Pierre Doribus.

Maître Pierre Pathelin.
Malade (Le).
Malcontentes (Les).
Malinet.
Marauds enchaînés (Les).
Marchandise, Métier, Peu d'Aquest, le Temps-qui-court et Grosse Despence.
Mari jaloux (Un).
Maris refondus (Les).
Martin Bâton.
Martin de Cambrai.
Mauvaistié des femmes (La).
Médecint et le Badin (Le).
Messieurs de Mallepaye et de Baillevent.
Messire Jehan.
Meunier (Le).

Nouveau marié (Le).
Nouveau Pathelin (Le).

Obstination des femmes (L').
Official (L').

Pardonneur, le triacleur et la tavernière (Le).
Pâté (Le).
Pâté et la Tarte (Le).
Pauvre Johuan (Le).
Pauvre villageois (Le).
Pet (Le).
Pernet qui va à l'école.
Pernet qui va au vin.
Pont-aux-ânes (Le).
Poulier à quatre personnages (Le).
Poulier à six personnages (Le).
Pourpoint rétréci (Le).

Queues troussées (Les).

Ramoneur de cheminées (Le).
Réjoui d'amours.
Renaud qui se marie à Lavollée.
Retrait (Le).
Ruse, méchanceté et obstination d'aucunes femmes.

Savetier Audin (Le).
Savetier Calbain (Le).
Savetier, le moine, la femme et le portier (Le).
Savetier qui ne répond que de chansons (Le).
Sobres sots (Les).
Soeur fessue (La).

Testament de Pathelin (Le).
Trippière (La).
Trois amoureux de la croix (Les).
Trois commères et un vendeur de livres (Les).
Trois galants et un badin (Les).
Troqueur de maris (Le).

Un qui se fait examiner.

Veaux (Les).
Vieux amoureux et le jeune amoureux (Le).
Vilain et son fils Jacob.

BIBLIOGRAFÍA

A) EDICIONES DE LOS TEXTOS

Recueil La Vallière: Recueil de farces, moralités et sermons joyeux, ed. de Le Roux de Lincy y Francisque Michel, 4 vols., París, 1837.

Recueil du British Museum: Ancien théâtre français ou Collection des ouvrages dramatiques les plus remarcables depuis les mystères jusqu'a Corneille, ed. de Viollet-Le-Duc, 10 vols., París, 1854-1857, los volúmenes I a II, de A. de Montaiglon (reedición de H. Lewicka, Ginebra, Slatkine, 1970).

Recueil de farces, sotties et moralités du XVe siècle, ed. de Paul Lacroix (le bibliophile Jacob), París, 1859.

Recueil de poésies françaises des XVe et XVIe siècles, 13 vols., ed. de A. de Montaiglon y J. de Rotschild, París, 1865-1878.

Le théâtre français avant la Renaissance (1450-1550), mystères, moralités et farces, ed. de Edouard Fournier, París, 1872.

Choix de farces, sotties et moralités des XVe et XVIe siècles, 2 vols., ed. de Emile Mabille, Niza, 1872.

Recueil de pieces rares facétieuses, 4 vols., ed. de Charles Brunet, París, 1872-1873.

Recueil de Copenhague: Nouveau recueil de farces françaises des XVe et XVIe siècles, ed. de Emile Picot y Charles Nyrop, París, 1880.

Recueil général des sotties, 3 vols., ed. de Emile Picot, París, SATF, 1902-1912.

Recherches sur l'ancien théâtre français: Trois farces du Recueil de Londres, ed. de Emmanuel Philipot, Rennes, 1931 (Ginebra, Slatkine, 1975).

Recueil Trepperel, I: Sotties, ed. de Eugénie Droz, París, 1935.

Recherches sur l'ancien théâtre français: Six farces normandes du Recueil La Vallière, ed. de Emmanuel Philipot, Rennes, 1939.

Recueil Cohen: Recueil de farces inédites du XVe siècle, ed. de Gustave Cohen, Cambridge (Mass.), The Mediaeval Academy of America, 1949.

Recueil Trepperel, II: Farces, ed. de E. Droz y H. Lewicka, Ginebra, Droz, 1961.

Four farces (Pathelin, L'Obstination des femmes, Le Cuvier, Le Pâté et la Tarte), ed. de Barbara Canning Bowen, Oxford, Blackwells French Texts, 1967.

La farce en France de 1450 à 1550, 3 vols., ed. de A. Tissier, París, SEDES, 1976-1981.

A Critical edition of three late Medieval French Farces: «La farce de Regnault», «La farce de Jolyet», «La farce de Colin qui loue et despite Dieu», ed. de Beatrice Anne Penovich, Northwester University, 1981.

B) Repertorios Bibliográficos

Bossuat, R., *Manuel bibliographique de la littérature française du Moyen Age*, 3 vols., París, Librairie d'Argences, 1951.

Kukenhein, L. y Roussel, H., *Guide de la littérature française au Moyen Age*, Leyde, 1963.

Lewicka, H., *Bibliographie du théâtre profane français des XVe et XVIe siècles*, París, CNRS, 1972.

Petit de Julleville, L., *Répertoire du théâtre comique en France au Moyen Age*, París, Cerf, 1886.

Rolland, J., *Le théâtre comique en France avant le XVe siècle. Essai bibliographique*, París, 1926.

— *Essai paléographique et bibliographique sur le théâtre profane en France avant le XVe siècle*, París, Bibl. d'histoire littéraire, 1945.

C) Estudios

Aebischer, P., *Neuf études sur le théâtre médiéval*, Ginebra, Droz, 1972.

Altucci, C., *Le origini del theatro comico in Francia*, Aversa, 1931.

Aubailly, J.-C., *Le théâtre médiéval profane et comique*, París, Larousse, 1975.

— *Le Monologue, le Dialogue et la Sottie; essai sur quelques genres dramatiques de la fin du Moyen Age et du début du XVIe siècle*, París, Champion, 1976.

Audin, M., *La Basoche et les Clercs du Palais*, Lyon, 1909.

Axton, R., *European drama in the early Middle Ages*, Londres, 1974.

Badel, P.-Y., *Introduction à la vie littéraire du Moyen Age*, París, Bordas, 1969.

Bakhtine, M., *L'oeuvre de François Rabelais et la culture populaire au Moyen Age et sous la Renaissance*, París, Gallimard, 1970.

Bedier, J., «Les commencements du théâtre comique en France», *Revue des Deux Mondes*, t. 93, junio de 1890, págs. 869-897.

BOWEN, B. C., *Les caractéristiques essentielles de la farce française et leur sur-vivance dans les années 1550-1620,* Urbana, University of Illinois Press, 1964.

CHEVALIER, C. A., *Théâtre comique du Moyen Age,* París, UGE, 1973.

CLEDAT, L., *Le théâtre en France au Moyen Age,* París, 1885.

COHEN, G., *La Comédie latine en France au XIIe siècle,* 2 vols., París, PUF, 1948 (1.ª ed. Rieder, 1928, 1931).

— «Les grands farceurs du xve siècle», *Convivium,* XXIII, 1955, pági-nas 16-28.

— *Etudes d'histoire du théâtre en France au Moyen Age et à la Renaissance,* París, Gallimard, 1956 (2.ª ed.).

DENAIS, J., «Le monologue et le sermon joyeux dans l'ancien théâtre français», *Revue d'art dramatique,* XIX, 1890, págs. 193-202.

DESCOSTES, M., *Le public de théâtre et son histoire,* París, PUF, 1964.

DUBECH y HORN-MONVAL, *Histoire générale du théâtre,* 5 vols., París, Li-brairie de France, 1931-1934.

DUFOURNET, J., «Du *Jeu de Robin et Marion* au *Jeu de la Feuillée*», *Mélan-ges F. Lecoy,* París, Champion, 1973, págs. 73-94.

FABRE, A., *Etudes historiques sur les Clercs de la Basoche,* París, 1856.

— *Les Clercs du Palais,* Lyon, 1857.

FARAL, E., *Les Jongleurs en France au Moyen Age,* París, Champion, 1910.

— *Mimes français du XIIIe siècle,* París, Champion, 1910.

FRANK, G., *The Medieval French Drama,* Oxford, Clarendon Press, 1954.

FRAPPIER, J., *Le théâtre profane au Moyen Age,* 2 vols., París, CDU, 1959.

FRAPPIER, J. y GOSSART, A.-M., *Le théâtre comique au Moyen Age* (edición actualizada), París, Larousse, 1972 (1.ª ed. de 1935).

GAIFFE, F., «L'évolution du comique sur la scène française: Le Moyen Age», *Revue des cours et conférences,* 15-30 de enero de 1931.

GARAPON, R., *La fantaisie verbale et le comique dans le théâtre français du Moyen Age à la fin du XVIIe siècle,* París, A. Colin, 1957.

— Le réalisme de la farce (xve-xvie siècles)», *CAIEF,* 26 de mayo de 1974, págs. 282-288.

GAUTIER, L., *Histoire de la poésie liturgique au Moyen Age; les Tropes,* París, 1886.

GOFFLOT, V. L., *Le théâtre au collège du Moyen Age à nos jours,* París, Champion, 1907.

HARVEY, H. G., *The Theatre of the Basoche. The contribution of law societies to French Mediaeval comedy,* Cambridge (Mass.), 1941.

JACOBSEN, Y.-P., *Essai sur les origines de la comédie en France au Moyen Age,* París, 1910.

KONIGSON, E., *L'Espace théâtral médiéval,* París, Ed. du CNRS, 1975.

LEBEGUE, R., *Le théâtre comique en France de «Pathelin» à «Mélite»*, París, Hatier, 1972.

LE GENTIL, P., *La littérature française du Moyen Age*, París, A. Colin, 1968 (4.ª edición).

LEROUX, N., «La farce du Moyen Age», *Etudes Françaises*, abril de 1979, págs. 87-107.

LEWICKA, H., *La langue et le style du théâtre comique français des XV^a et XVIe siècles*, Varsovia, 1960.

— «Le langage et la nature sociale de la farce», *Humanisme, Renaissance*, 11, págs. 13-18.

— «Un procédé comique de l'ancienne farce: la fausse compréhension du langage», *Mélanges Jean Frappier*, II, 1970, págs. 653-658.

— «Les rapports entre la farce et la littérature narrative», *CAIEF*, 26 de mayo de 1974, págs. 21-32.

LINTILHAC, E., *Histoire générale du théâtre en France*, t. II: *La Comédie, Moyen Age et Renaissance*, París, Flammarion, 1905.

MAXWELL, I., *French Farce and John Heywood*, Melbourne, 1946.

MAZOUER, CH., «Un personnage de la farce médiévale: le naïf», *Revue d'histoire du théâtre*, abril-junio de 1972, págs. 144-161.

MENÉNDEZ PIDAL, R., *Poesía juglaresca y orígenes de las literaturas románicas* (6.ª edición, corregida y aumentada), Madrid, 1957.

MORTENSEN, J., *Le théâtre français au Moyen Age*, París, 1903.

MOUSSINAC, L., *Le théâtre des origines à nos jours*, París, Amiot-Dumont, 1957.

PAUPHILET, A., *Jeux et Sapience du Moyen Age*, París, Gallimard, 1951.

PERNOUD, R., «Le théâtre en Occident au Moyen Age», *Histoire générale des spectacles*, ed. G. Dumur, París, Gallimard, 1965.

PETIT DE JULLEVILLE, L., *Les Comédiens en France au Moyen Age*, París, Cerf, 1885.

— *La Comédie et les moeurs en France au Moyen Age*, París, Cerf, 1886.

— *Le théâtre en France, histoire de la littérature dramatique depuis ses origines jusqu'à nos jours*, París, Colin, 1897.

PICOT, E., «Les monologues dramatiques dans l'ancien théâtre français», *Romania*, XV (1886), págs. 358-422; XVI (1887), páginas 438-542; XVII (1888), págs. 207-275.

— *Les moralités polémiques ou la controverse religieuse dans l'ancien théâtre français*, París, 1887 (Ginebra, Slatkine, 1970).

POIRION, D., *Littérature française: Le Moyen Age*, II, París, B. Arthaud, 1971.

PORTER, L. C., «La farce et la sottie», *Z.R.Ph.*, LXXX, 1959, páginas 89-123.

NELSON, I., *La sottie sans souci, essai d'interprétation homosexuelle*, París, Champion, 1977.

Rey-Flaud, B., *Las farces aux la machine à rire. Théorie d'un genre daramatique, 1450-1550,* Ginebra, Tröz, 1984.

Rey-Flaud, H., *Le Cercle magique, essai sur le théâtre en rond à la fin du Moyen Age,* París, Gallimard, 1973.

— *Pour une dramarturgie du Moyen Age,* París, PUF, 1980.

Rolland, J., *Les origines latines du théâtre comique en France,* París, 1927.

Sebillet, T., *Art poétique françois,* París, Ed. Gaiffe, 1932 (1.ª ed. de 1548).

Swain, B., *Fools and Folly during the Middleages and the Renaissance,* Nueva York, 1932.

Toldo, P., *Etude sur le théâtre comique français du Moyen Age et sur le rôle de la nouvelle dans les farces et comédies,* París, 1902.

Voltz, R., *La Comédie,* París, A. Colin, 1964.

Wiley, W. L., *The Early Public Theatre in France,* Londres, 1960.

Zumthor, P., «Le Monde Inversé», *Le Masque et la Lumière. La poétique des grands rhétoriqueurs,* París, Seuil, 1978, págs. 125-143.

NOTA A LAS TRADUCCIONES

Se incluyen en el presente tomo las traducciones de siete farsas francesas medievales: *Le Couvier, Le Badin qui se loue, Le Chaudronnier, Maître Mimin étudiant, Le Pâté et la Tarte, Le Savetier Calbain* y *Maître Pierre Pathelin*. Algunos de estos textos fueron escritos en el siglo XVI, pero este hecho no está en disonancia con el criterio del libro, ya que, como hemos aclarado en la introducción, si hubiera que adoptar una norma de orden cronológico, en el caso del teatro medieval habría que postergarlo al desarrollo de la *Commedia dell'arte* más que al mero cambio de siglos.

Las traducciones han tratado de ajustarse al texto original, y en ningún caso son adaptaciones libres, a pesar de trasladar el verso francés a prosa, ya que, de este modo, se mantiene el ritmo de la frase, así como la vivacidad y agilidad de los diálogos.

LA TINA

LA TINA[1]

Personajes:

Jacquinot, su mujer y su suegra

Jacquinot. *(Lamentándose.)* ¡Ah! ¡Ah! ¡Bien me inspiró el demonio el día que me casé! A partir de aquel momento todo son rayos y truenos, preocupaciones y penas. En todo instante mi mujer actúa como un diablo, y si cesa por un segundo, su madre toma el relevo. No tengo reposo ni alegría ni descanso; soy maltratado, atormentado y parece como si me tiraran peñascos a la cabeza. La una grita, la otra gruñe; la una maldice, la otra echa chispas. Ya sea día laboral o día de fiesta, no tengo otro pasatiempo. Soy del bando de los descontentos porque nada me favorece. Pero, por mi sangre, que me haré el dueño de mi casa si me empeño.

Esposa. ¡Vaya! ¡Cuántas quejas! Callaos ya Jacquinot, será más prudente.

Suegra. ¿Qué ocurre?

Esposa. ¿Qué ocurre? ¿Lo sé yo acaso? Hay que andar siempre detrás de él. No piensa nunca en las cosas que hay que hacer en la casa.

---

[1] El título original en francés es: *Farce nouvelle tresbonne et fort joyeuse du CUVIER à trois personnaiges; c'est assavoir: Jacquinot, sa femme et la mère de sa femme.* El *fabliau*, el cuento de Boccaccio y el de La Fontaine que llevan igual título, no tienen nada en común con la farsa que traducimos. Un *cuvier* es una tina o barreño grande donde se introducía la ropa, bien para ponerla en remojo, bien para lavarla en caliente; tenía forma de media cuba de madera y con un trípode, lo que obligaba a subirse en algún taburete para poder alcanzar la ropa que se introducía.

Suegra. ¡Diablos! Ya no hay más razonamientos ni más palabrería. Hay que obedecer a su mujer como todo buen marido. ¿Qué diríais si, como es de justicia, os pegara cuando no cumplís con vuestras obligaciones?

Jacquinot. ¡Ah! No. Eso no lo soportaría jamás.

Suegra. ¡Ah! ¿No? Y ¿por qué? ¡Virgen santa! ¿Pensáis que si os castiga y os corrige en tiempo y lugar no es por vuestro bien? Pues sí, demonios. Eso es un signo de cariño.

Esposa. Muy bien dicho, madre Jacquette.

Jacquinot. Sí, pero no es muy razonable hacer tantas historias. ¿Me estáis oyendo? Esa es la cuestión.

Suegra. Oigo muy bien, pero yo creo que es cuestión del primer año. ¿Os estáis enterando, amigo Juanillo?[2].

Jacquinot. ¿Juanillo? ¡Por San Pablo bendito! ¿Qué queréis decir? ¡Pronto me concedéis ese título! Mi verdadero nombre es Jacquinot. ¿O es que no lo sabéis?

Suegra. Sí, amigo mío, pero sois un Juanillo casado.

Jacquinot. ¡Qué diablos!, soy más bien un marido abrumado.

Suegra. En realidad, Jacquinot, amigo mío, sois un hombre domesticado.

Jacquinot. ¿Domesticado yo? ¡Por San Jorge!, antes preferiría que me degollaran. ¡Domesticado! ¡Madre santa!

Esposa. Hay que obrar al gusto de su mujer sin más, sin discutir.

Jacquinot. ¡Por San Juan bendito!, si es que manda demasiadas cosas a la vez...

Suegra. Para que os acordéis mejor de todo, conviene que hagáis una lista y escribáis en un papel todo cuanto ella os ordena[3].

---

[2] Al llamar Jehan a su yerno, la suegra ofende el amor propio de Jacquinot, porque Jean y sus diminutivos Jenin, Jeninot, etc., designaban tradicionalmente a los tontos y a los maridos engañados.

[3] El motivo del *rollet* o lista en la que se anotan las distintas obligaciones aparece también en un cuento alemán: «Einer schrieb seiner Frawen etwas an einen Zedel (En J. Pauli, *Shimof unn Ernest (Strasbourg, 1522) herusgegeben von H. Oesterley* (Stuttgart, 1866), núm. 139), en el que una mujer escribe la lista por orden del marido. Cuando al regreso de feria en la que él se ha embriagado, cae éste al río, la mujer en lugar de salvarlo, corre a su casa a consultar el papel.

Aparece asimismo en el cuento indio del gurú Paramartan: *Le Pantcha-Tantra*

JACQUINOT. Por mi parte no va a quedar: ahora mismo me pongo a escribir.

ESPOSA. Bien. Escribid claro que pueda leerse. Poned que me obedeceréis y no os negaréis jamás a hacer todo cuanto yo desee.

JACQUINOT. ¡Demonios!, eso no lo pondré; sólo anotaré las cosas que sean razonables.

ESPOSA. ¡Venga!, escribid ya sin más charlatanería y no me impacientéis: que os levantaréis siempre el primero para poneros a trabajar.

JACQUINOT. ¡Virgen santa!, me opongo a este punto. Levantarme el primero, ¿para qué?

ESPOSA. Para calentar en la candela mi camisa.

JACQUINOT. ¿Ese es vuestro deseo?

ESPOSA. Ese es mi deseo y mi orden. Tenéis que aprenderos bien la lección.

SUEGRA. ¡Venga! ¡Escribid!

ESPOSA. Vamos, poned eso, Jacquinot.

JACQUINOT. ¡Que voy todavía por la primera palabra...! ¡No me atosiguéis!

SUEGRA. Por la noche, si el niño se despierta, como ocurre con frecuencia, tenéis que estar atento para levantaros a mecerlo, pasearlo, llevarlo, arreglarlo, ir y venir por la habitación, aunque fuera medianoche.

JACQUINOT. No estoy dispuesto a aceptar. Esto no es razonable.

ESPOSA. ¡Escribid!

JACQUINOT. ¡Por mi conciencia! ¡Que está el papel lleno...! ¿Qué queréis que escriba?

---

ou les Cinq Ruses; Fables du Brahma Vishnu-Sarman; Aventures de Paramartan et autres contes (París, 1826). Paseando con sus discípulos, el caballo lanza al gurú a una zanja; los discípulos aleccionados precedentemente por el maestro, se niegan a sacarlo porque eso no está anotado en la lista de cosas que deben ser recogidas del suelo.

Y en numerosos textos en latín y francés: «De Famulo, qui cum domino facit capitula», Morlini; «Senex morosus et Famulus», Luscinius; «Eutrapeliarum», Gerlach; «Georges capitule avec son maistre», Straparole, etc.

La frase repetida, «Eso no está en mi lista», coincide con un proverbio noruego incluido en la colección publicada por Ivar Aasen: «Det stend ikkje paa Setelen», que proviene de un antiguo cuento o de la farsa que comentamos.

Esposa. Escribid u os calentaré.

Jacquinot. Escribiré por la otra cara.

Suegra. Después, Jacquinot, tenéis que amasar, cocer, lavar.

Esposa. Amasar, poner la ropa en remojo⁴, lavar.

Suegra. Ir, venir, correr, trotar, apresuraros más que Lucifer.

Esposa. Hacer el pan, calentar el horno.

Suegra. Llevar el grano al molino.

Esposa. Hacer la cama bien temprano, y si no recibiréis unos buenos azotes.

Suegra. Luego poner la olla en el fuego y limpiar a fondo la cocina.

Jacquinot. Si tengo que escribirlo todo debéis decírmelo palabra por palabra.

Suegra. Escribid de una vez Jacquinot: amasar.

Esposa. Meter el pan en el horno.

Suegra. Poner la ropa en remojo.

Esposa. Cerner la harina.

Suegra. Lavar.

Esposa. Fregar.

Jacquinot. Fregar ¿el qué?

Suegra. Los pucheros y las fuentes.

Jacquinot. ¡Esperad! No me metáis prisa: los pucheros y las fuentes.

Esposa. Y las escudillas.

Jacquinot. ¡Por todos los diablos!, mi cabeza no será capaz de acordarse de todo esto.

Esposa. Por eso es necesario que lo escribáis para que os acordéis. ¿Me estáis oyendo? Ese es mi deseo.

Jacquinot. Bueno. Lavar los...

Esposa. Pañales sucios de nuestro hijo en el río.

Jacquinot. Me niego. Ni esa misión ni esas palabras son decentes.

Esposa. Ponedlo, animal. ¿Es que os da vergüenza hacerlo?

Jacquinot. ¡Por todos los demonios! ¡No lo haré! Me estáis mintiendo, estoy convencido.

---

⁴ Traducimos «poner la ropa en remojo» aunque el término empleado por el autor en la farsa es *buer*, que significaría con más exactitud «poner a cocer». Sabido es que en aquélla y en épocas posteriores, se sometía la ropa a cocimiento con la finalidad de obtener un máximo grado de limpieza e higiene.

Esposa. ¿Tendré que injuriaros o tendré que zarandearos más que al yeso?[5].

Jacquinot.Bueno está. No quiero discutir más. Lo pondré y no hablemos más del asunto.

Esposa. Para que todo esté en orden, ya no queda nada más que ayudarme a escurrir la colada junto a la tina, más rápido que un gavilán. Escribid.

Jacquinot. ¡Ya está!

Suegra. Y también hacer «la cosa» con mi hija alguna vez a hurtadillas.

Jacquinot. Será una vez cada quince días o cada mes.

Esposa. Yo creo que tiene que ser cinco o seis veces al día.

Jacquinot. ¡Nada de eso! ¡Dios bendito! ¡Cinco o seis veces! ¡Por San Jorge! ¡Cinco o seis veces! Ni dos ni tres, ¡qué diablos! ¡Nada de eso!

Esposa. De un animal semejante no se puede lograr sino un mal placer. Este cobarde calavera no sirve ya para nada.

Jacquinot. ¡Voto a bríos! Soy memo por dejarme llevar de esta manera. No hay hombre que pudiera descansar en esta casa. ¿Por qué razón? Porque tengo que recordar mi lección de día y de noche.

Suegra. Así será porque yo lo quiero. ¿Ya está todo? Daos prisa y firmad.

Jacquinot. Ya está firmado. Tened.

Suegra. Tened mucho cuidado de que no se pierda.

Jacquinot. Aunque me cuelguen, desde este momento me propongo no hacer nada más que lo que está escrito en mi lista.

Suegra. *(Dirigiéndose a su hija al marcharse.)* Guardadla bien tal como está.

Esposa. *(Despidiendo a su madre.)* Dios os guarde, madre. *(Hablando a su marido.)* Ahora, ¡venga!, venid por aquí y ayudadme a tender la colada: es una de vuestras obligaciones.

---

⁵ Hemos elegido el verbo «zarandear» porque es más habitual en la lengua coloquial española. Puede producirse, no obstante, un pequeño desajuste, contra el cual ponemos en guardia al lector: no se trata de cerner el yeso en seco, sino de someterlo a múltiples movimientos para removerlo y amasarlo a fin de prepararlo antes de su utilización en la construcción.

JACQUINOT. No comprendo lo que queréis decir. *(Dirigiéndose al público.)* ¿Qué es lo que me está mandando?

ESPOSA. ¡Qué bofetada te voy a dar...! Estoy hablando de lavar, atontado.

JACQUINOT. Eso no está en mi lista.

ESPOSA. Sí está.

JACQUINOT. ¡Por San Juan bendito! No está.

ESPOSA. ¡Ah! ¿Que no está? *(Coge un palo y le golpea.)* Verás si lo encuentras.

JACQUINOT. ¡Ya está!, ¡ya lo encontré! Teníais razón. Otra vez miraré mejor.

ESPOSA. ¡Coged por esa punta! ¡Tirad fuerte!

JACQUINOT. ¡Por Dios santo! ¡Qué sucia está esta ropa!, huele todavía al sudor de la cama.

ESPOSA. ¡Un moñigo para vuestra boca! Haced como yo, de buen grado.

JACQUINOT. ¡Si tiene todavía mierda! ¡Vaya un trabajo penoso!

ESPOSA. Os lo voy a tirar a la cara. No creáis que no soy capaz.

JACQUINOT. No lo haréis si no es porque el diablo os impulse.

ESPOSA. *(Tirándole la sábana a la cara.)* ¡Oledla bien, maese Croquant!⁶.

JACQUINOT. Señora, ¡por todos los diablos! Me habéis ensuciado la ropa.

ESPOSA. ¿Es que hay que crear tantos problemas a la hora de hacer el trabajo? Tirad de una vez y que la sarna os roa. *(JACQUINOT da un gran tirón y la mujer cae dentro de la tina.)* ¡Ay! ¡Dios mío! No os olvidéis de mí. Tened piedad de mi pobre alma. Ayudadme a salir de aquí o me moriré sin tardar. Jacquinot, socorred a vuestra esposa, sacadla de esta cubeta.

JACQUINOT. Eso no está en mi lista⁷.

---

⁶ Croquant debía ser equivalente a tonto.

⁷ Consideramos que si Jacquinot se niega a sacar a su mujer de la tina es porque sabe que no corre gran riesgo. La mujer dramatiza su situación de forma exagerada —pues realmente no siente su vida en peligro—, lo mismo que el marido exagera la felicidad de su pretendida viudedad. No vemos, pues, en la actitud de rechazo los rasgos de crueldad que determinados comentaristas han pretendido concederle: P. Voltz en *La Comédie* (París, Armand Colin, 1964, págs. 24 y 266) asegura que en esta farsa «la violencia caracterizaría a una cierta

ESPOSA. ¡Ay! ¡Cómo me oprime esta tina! ¡Qué gran tristeza siento! El corazón me falla. ¡Ah!, por Dios. ¡Qué me saquen de aquí!

JACQUINOT. ¡Ah! ¡Qué vieja perra! ¡No eres sino una borracha! ¡Date la vuelta para el otro lado!

ESPOSA. ¡Esposo mío, salvad mi vida! Me estoy desmayando. Dadme la mano un segundo.

JACQUINOT. Eso no está en mi lista. Al infierno iréis a parar.

ESPOSA. ¡Pobre de mí! Si nadie se ocupa de mí vendrá la muerte en busca mía.

JACQUINOT. *(Leyendo la lista.)* Amasar, meter el pan en el horno, poner la ropa en remojo, cerner la harina, lavar, fregar.

ESPOSA. La sangre se me está alterando. Estoy a punto de morir.

JACQUINOT. Besar, abrazar, frotar.

ESPOSA. Pensad en socorrerme urgentemente.

JACQUINOT. Ir, venir, trotar, correr.

ESPOSA. No pasaré del día de hoy.

JACQUINOT. Hacer el pan, calentar el horno.

ESPOSA. ¡Rápido, dadme la mano! Estoy llegando a mi fin.

JACQUINOT. Llevar el grano al molino.

ESPOSA. Sois peor que un perro mastín.

JACQUINOT. Hacer la cama muy temprano.

ESPOSA. ¡Ay! Creéis que es una broma...

JACQUINOT. Y luego poner la olla en el fuego.

ESPOSA. ¡Ay! ¿Dónde está mi madre, Jacquette?

JACQUINOT. Y tener limpia la cocina.

ESPOSA. Id a buscar al cura.

JACQUINOT. He terminado todo mi papel y os aseguro sin duda alguna que eso no está en mi lista.

ESPOSA. Y ¿por qué no está ahí escrito?

JACQUINOT. Porque no me lo habéis dicho. Salvaos como queráis, pues, por lo que es por mí, ahí os quedaréis.

---

ferocidad». G. Cohen en *Le Théâtre en France au Moyen Age* (París, Rieder, 1928-31, tomo I, pág. 77) asegura que la decisión del esposo es el «colmo de la crueldad». Philipot en su edición y estudio (págs. 38-39) carga aún más las tintas y habla de «la crueldad profunda de la catástrofe» y acusa al autor de regodearse en su ferocidad durante «la agonía prolongada de la mujer».

Esposa. Buscad al menos a ver si encontráis en la calle algún chico que me ayude.

Jacquinot. Eso no está en mi lista.

Esposa. ¡Ah, dadme la mano, dulce amigo, pues no tengo fuerzas para levantarme.

Jacquinot. ¿Amigo? Más bien tu gran enemigo. Me gustaría verte muerta.

Suegra. *(En la calle.)* ¡Eh! ¡Eh!

Jacquinot. ¿Quién golpea la puerta?

Suegra. ¡Gente amiga, por Dios bendito! Vengo para saber cómo sigue todo.

Jacquinot. Muy bien, puesto que mi mujer se ha muerto. Mis deseos se han cumplido y me he hecho rico.

Suegra. ¿Cómo? ¿Qué has matado a mi hija?

Jacquinot. Se ha ahogado en la tina.

Suegra. ¡Falso! ¡Asesino! ¿Qué estás diciendo?

Jacquinot. Pido al Dios del paraíso y a mi señor San Dionisio de Francia que el diablo le rompa la panza antes de que entregue el alma.

Suegra. ¡Ay! ¿Qué se ha muerto mi hija?

Jacquinot. Torciendo, se bajó, se le escapó lo que tenía entre las manos y se cayó hacia atrás ahí dentro.

Esposa. Madre, me moriré sin duda si no socorréis a vuestra hija.

Suegra. No soy muy hábil para ello. Jacquinot, dadme la mano, por favor.

Jacquinot. Eso no está en mi lista.

Suegra. Efectivamente, en eso os equivocáis.

Esposa. ¡Ay! ¡Ayudadme!

Suegra. ¡Malvado! ¡Infame! ¿La dejaréis que se muera ahí?

Jacquinot. Por mi parte ahí se va a quedar, pues no estoy dispuesto a ser su criado.

Esposa. ¡Ayudadme!

Jacquinot. Eso no está en mi lista. Es imposible encontrarlo.

Suegra. Diablos, Jacquinot, menos palabrerías. Ayudadme a sacar de ahí a vuestra mujer.

Jacquinot. No lo haré, os lo juro por mi alma, si primero no me promete que a partir de ahora yo seré el dueño y señor.

Esposa. Si me sacáis de aquí os lo prometo de todo corazón.

JACQUINOT. ¿Y qué haréis...?

ESPOSA. Todo el trabajo de la casa, sin pediros nada más, ni mandar cosa alguna si no es por gran necesidad.

JACQUINOT. ¡Ah! Bueno. En ese caso habrá que sacarla. Pero por todos los santos del cielo, quiero que mantengáis la promesa tal y como la habéis dicho.

ESPOSA. Jamás la incumpliré amigo mío, os lo prometo.

JACQUINOT. A partir de ahora, pues, seré el dueño aquí, puesto que mi mujer así se me lo concede.

SUEGRA. Si en el matrimonio hay discordia no se pueden obtener buenos frutos.

JACQUINOT. Por lo que quiero asegurar que es cosa bastante fea que una mujer convierta a su dueño en criado, aunque sea tonto o poco educado.

ESPOSA. Sí, en efecto. Bastante daño me ha causado, como ha podido comprobarse aquí mismo. Pero a partir de ahora haré todas mis labores con diligencia; y seré la criada como por obligación me corresponde.

JACQUINOT. Seré dichoso si cumple el trato, pues viviré sin preocupaciones.

ESPOSA. Lo mantendré sin problemas: os lo prometo, pues es de justicia. Seréis el dueño de la casa y estaréis bien considerado.

JACQUINOT. Por eso, pues, procuraré no ser cruel con vos. *(Dirigiéndose al público.)* Comprended en pocas palabras que por una indecible actitud tenía mis sentidos trastornados; pero los calumniadores que han querido desprestigiarme se ven ahora confundidos cuando mi mujer, que por su fantasía quería tenerme bien subyugado, se ha reconciliado conmigo. Y para concluir, adiós[8].

---

[8] En las últimas frases de la farsa, aquéllas en las que Jacquinot se dirige al público, J-Ch. Payen en su artículo «Le Cuvier: farce allégorique?» *(Revue d'Histoire du théâtre,* julio-septiembre de 1973, págs. 257-261) pretende situar la clave simbólica de toda la obra. Para él no se trataría sólo de una disputa matrimonial con una carga radical de antifeminismo, sino del símbolo de aviso contra todas las innovaciones ideológicas que pretendan, de modo diabólico o fantástico, romper las normas establecidas por la sociedad e inducir a la utopía.

BIBLIOGRAFÍA

La Tina es, junto a *Maistre Pathelin,* una de las farsas francesas más conocidas. El texto antiguo procede de un manuscrito fechado en la segunda mitad del siglo XV, y ha llegado hasta nosotros a través de una recopilación de farsas del British Museum.

Ediciones del texto original:

Bowen, Barbara C., *Four Farces,* Oxford, Backwell's French Texts, 1967, págs. 17-34.

Collectif, *Ancien théâtre françois,* París, P. Jannet, 1854-1857, y Ginebra, Slatkine, 1973, tomo I, págs. 32-49.

Fournier, Ed., *Le théâtre français avant la Renaissance (1450-1550) Mystères, Moralités et Farces,* París, Laplace, Sanchez et Cie, 1872, págs. 192-198.

Hankiss, Jean, *Farces,* Estrasburgo, J.H.E. Heitz, 1924, págs. 15-27 y 50-57.

Hindley, Alan, *La Farce du Cuvier,* University of Hull, 1979.

Philipot, Emmanuel, *Recherches sur l' Ancien théâtre français. Trois Farces du recueil de Londres,* Rennes, Plihon, 1931 y Ginebra, Slatkine, 1975.

Picot, Emile y Nyrop, Christophe, *Nouveau recueil de farces françaises des XVᵉ et XVIᵉ siècles, du manuscrit de Copenhague,* París, D. Morgand-Ch, Fatout, 1880, y Ginebra, Slatkine, 1968, págs. 1-45.

Tissier, André, *La Farce en France de 1450 à 1550,* París, CDU/SEDES, 1976.

Traducciones y adaptaciones modernas:

Adenis, Eugène y Edouard, *Le Cuvier,* París, Lib. théâtrale, 1897.

Brun, Pierre y Guy, Henri, *Le Cuvier,* Foix, Gadrat aîné, 1890.

Chevalier, Claude, *Théâtre comique du Moyen Age,* París, Union générale d'editions, 1973, Coll. «10/18».

Dondo, Mathurin, *Pathelin et autres pièces,* Boston, 1924.

Faremont, Henri, *La Farce du Cuvier,* París, L. Billaudout, 1927.

Gassies des Brulies, G., *Anthologie du théâtre français au Moyen Age. Théâtre comique,* París, Delagrave, 1925.

Guillot de Saix, Léon, *La vraie farce du Cuvier,* París, Stock, 1924.

Jouzeau, André, *La Farce du Cuvier,* Tours, Cotra, 1949.

Klein, Abbé Félix, *Sept comédies du Moyen Age,* París, Spes, 1927.

Lena, Maurice, *La farce du Cuvier,* París, Heugel, 1912.

Mortier, Raoul, *Les farces du Moyen Age,* París, Union latine d'éditions, 1937, págs. 219-273.

Orbeaux, Pierre d', *Le Parchemin,* París, Soc. franc. d'imprimerie et de librairie, 1936.

Oudon, Noël, *La farce du Cuvier,* Senlis, 1931.

Robert-Busquet, L., *Farces du Moyen Age,* París, F. Lanore, 1973 (1.ª ed. 1942).

Estudios:

Bennet, Dominique, «Cruauté ou comique dans la farce du Cuvier», *Tréteaux II,* 1, mayo de 1980, págs. 9-16.

Nyrop, Kr., «La farce du Cuvier et un proverbe norvégien», *Romania,* 1882, tomo XI, págs. 413-414.

Payen, J-Ch., «Le Cuvier: farce allégorique?», *Revue d'Histoire du théâtre,* julio-septiembre de 1973, págs. 257-261.

Sandhu, Marcelle Cendres, «La Farce du Cuvier. Origines du thème», *Romance Philology,* Berkeley, Los Angeles, XXXIV, 1980-1981, páginas 209-215.

EL TONTO QUE BUSCA TRABAJO

EL TONTO QUE BUSCA TRABAJO[1]

PERSONAJES:

EL MARIDO, LA MUJER, EL TONTO Y EL AMANTE

MARIDO. ¡Guillermina!

MUJER. ¡Que el diablo os rompa la cabeza. No he visto un hombre igual. En definitiva, no habría que hacer otra cosa sino estar siempre pendiente de vos.

MARIDO. Por favor, hablad con más suavidad. Se diría que me vais a comer.

MUJER. ¡Os lo pido por Dios! Contratad a una sirvienta o a un criado. No está bien que yo tenga que ir continuamente a buscar el vino o la cerveza como una pobre criada.

MARIDO. ¡Santo Dios! ¡Qué orgullosa sois! ¿Por qué me habláis así?

MUJER. Os aseguro de verdad que ya no seré tan tonta, ni os serviré tan bien como lo he hecho hasta ahora. Contratad a algún criado o a alguna buena sirvienta que vaya a buscar la cerveza y el vino. No hay ni una burguesa pobre que no tenga sirvienta o criado.

MARIDO. Bueno, bueno. Se hará. Tendréis uno. Ya está bien.

(En la calle aparece el TONTO *con su gorro habitual.)*

TONTO. *(Cantando.)* Habladle a Binette, Dureau laruró, hablad-

---

[1] El título original es *Farce nouvelle, trèsbonne et fort joyeuse à quatre personnages, c'est assavoir: le mary, la femme, le badin qui se loue et l'amoureux.* LE BADIN QUI SE LOUE.

le a Binette, más bella que yo[2]. ¡Qué fastidio! ¡Qué tristeza no poder encontrar un amo! Y sin embargo, no dejo de pregonar: «¡Criado para contratar, criado para contratar!, ¡por todos los diablos!, ¡criado para contratar!»

MARIDO. Me parece que he oído a alguien gritar en la calle.

TONTO. ¡Pardiez! Peo y coceo de rabia del hambre que tengo.

MUJER. Al oírlo gritar y berrear se diría que se le ha ido la cabeza. Voy a llamarlo. ¡Eh!, amigo mío, venid para acá.

TONTO. *(Entrando.)* ¡Ah! Os he oído y vengo a hablar con vos.

MUJER. ¿Estáis buscando trabajo?

TONTO. ¡Por San Juan bendito! Sí.

MUJER. Si quieres venir a servirme, te trataré bien.

TONTO. Os serviré con toda mi alma, de verdad.

MUJER. *(Al* MARIDO.) Lo contrataremos enseguida si os gusta.

TONTO. ¡Pardiez! ¡Pues claro que me gusta! Me comería un jamón ahora mismo con un cuarto de vino si lo tuviera.

MARIDO. Dime, sin hacerte el gracioso, ¿cómo te llamas?

TONTO. Unos me llaman Buenhombre y los otros Juanillo.

MARIDO. Juanillo es nombre de tonto. ¿Te quieres quedar conmigo?

TONTO. A fe mía que lo haré con alegría.

MARIDO. Pero ¿cuánto tendré que pagarte?

TONTO. Pues, ¡yo qué sé! Escuche, como mínimo... seis francos. Pero yo no quiero comer hocico si no es de cochinillo tierno.

MARIDO. ¡Por mi señor San Marcelo! Tendrás algo mejor.

MUJER. Tendrás que hacer la limpieza y barrer la casa.

TONTO. ¿Le echaré pienso a los pollos[3] o les daré con la horca en la cabeza?

---

[2] El tonto entra cantando una estrofa de una canción popular que aparece también en la farsa del *Bateleur* que es literalmente:

> Parlez à Binette
> Dureau la durée;
> Parlez à Binette,
> Plus belle que moy.

[3] Entre la indicación de la mujer y la respuesta del tonto se produce un juego de palabras difícil de traducir, originado por la confusión de los verbos *balier*, barrer y *bailler*, dar, echar.

MUJER. ¡No estoy diciendo eso, animal! Digo que barras la casa.

TONTO. ¡Bueno! ¡No hay que ofender!

MARIDO. Aquí tienes la llave de la casa para que cierres la puerta y la reja cuando quieras salir.

TONTO. Eso no es todo lo que yo necesito: dadme, por favor, la llave de la despensa y de la bodega para que yo tenga tocino, pan y dinero. Seré diligente porque fui cocinero en un colegio.

MARIDO. Las mujeres son las únicas que tienen el privilegio de guardar las llaves en los bolsillos.

TONTO. Bueno, pues, cuando no estéis en casa yo tendré el privilegio de romper las puertas. Me vais a hacer morir de hambre.

MUJER. No te faltará ni pan, ni vino, ni ninguna otra cosa.

TONTO. Bueno, pues entonces, por favor, dadme de comer, buen ama.

MUJER. Toma, aquí tienes un buen pedazo de pan bazo. Come si quieres.

TONTO. ¿Y decíais que iba a ser feliz y me íbais a tratar bien?

MUJER. Si hoy tenéis poco, otro día tendréis más. *(El* TONTO *come glotonamente.)* ¡Os lo coméis todo de un golpe! Hay que ir poco a poco.

TONTO. Os juro que no sabría, porque mis dientes están demasiado afilados.

MUJER. ¡Qué charlatán de pamplinas! Me está enfadando.

TONTO. ¡Caramba!, a mí también me enfada no tener una buena bebida.

MARIDO. *(Al* TONTO.) Id pensando en hacer la limpieza, que yo me voy a mi trabajo.

TONTO. Pero, ¡por todos los diablos! ¿Qué tengo que hacer? Estoy pidiendo vino.

MARIDO. Te aseguro que mañana tendrás de todo. Ahora me voy a mis asuntos.

TONTO. Bueno, pues, adiós. Hasta la vista.

(Aparece el AMANTE *en la calle.)*

AMANTE. Tengo que ir a ver si, digan lo que digan, encuentro a mi amiga para estar con ella y hablarle. Me voy sin más tardar, pues de nada sirve pensarlo mucho. *(Entrando en la casa.)* Señora y amiga mía, ¡que Dios os de una buena y larga vida y todo lo que deseéis!

Mujer. Que Jesús, el rey del paraíso, quiera cumplir vuestros deseos. Os lo ruego, venid a sentaros y a regocijaros un poco.

Amante. De verdad que mientras pueda procuraré obedeceros y hacer vuestro placer, si tenéis a bien ordenármelo.

Tonto. *(Saliendo al paso del* Amante.*)* ¡Demonios! ¿Entráis sin pedir permiso? ¿Qué os trae por aquí?

Mujer. ¡Cállate! Es uno de nuestros mejores amigos.

Tonto. ¡Ah! ¡Bueno! Entonces le haré un gran saludo: que Dios guarde con bien al señor «mejor amigo».

Amante. Que Él os guarde también. *(Dirigiéndose a la* Mujer.*)* Decidme pues, por favor, ¿quién os ha proporcionado tan buen criado?

Mujer. Yo sola, amigo mío, porque me fastidiaba mucho tener que ir siempre a por el vino y a por lo demás cuando venís a hacer «la cosa» conmigo.

Amante. Con eso me basta. Pero, decidme, ¿adónde ha ido vuestro marido?

Mujer. Os aseguro, amigo mío, que se ha ido a su trabajo. Dios sabe que cuando está aquí no hace más que gruñir.

Tonto. *(Contemplando el sombrero que lleva el* Amante.*)* Ese sombrero os sienta muy bien. ¡Es verdad! Y si no, ¡que el diablo os lleve!

Amante. Os juro que habláis a tontas y a locas. ¿No podríais callaros un poco?

Mujer. ¡Es verdad! Estropeas todo el encanto. ¡Por favor!, no nos digas ni una palabra más.

Tonto. No hablaré más, por San Charlot. Y creedme, porque lo estoy jurando.

Amante. De verdad, amiga mía, os aseguro que desde hace ocho días he dado más de cuarenta vueltas alrededor de vuestra casa. Pero el pesado de vuestro marido estaba siempre aquí presente.

Mujer. Quiere tenerme tan vigilada que me ata como a una oca. Sí, de verdad. De tal forma que no recibo ninguna alegría de él. ¡Madre mía!, hoy mismo yo creía que me iba a comer... No puedo mantenerme tan sujeta y tengo que hacerle daño.

TONTO. ¡Cuando os levanta la camisa no habláis así!

MUJER. ¡Eh! ¡Eh! Tenéis ganas de bromas. Verdaderamente hay motivo.

AMANTE. Os lo ruego, señora Alison, un suave beso en vuestros labios... *(La besa.)*

TONTO. ¡Uy! ¡Uy! Tendré que taparme los ojos para no ver. ¡No os andáis con remilgos! ¡Despacio! ¡Despacio! ¡Eh! ¿Qué diablos hacéis? ¡Estáis haciendo el amor![4]. Se lo diré a mi amo.

MUJER. ¿Te callarás de una vez, hijo de cura?

TONTO. Se lo diré a mi amo. Sé muy bien lo que os he visto hacer.

MUJER. ¡Que Dios me perdone! Te haré callar como te ponga la mano encima.

TONTO. ¿Qué? ¡Demonios! ¡Pobre de mí! Se lo diré a mi amo.

AMANTE. ¡Cállate! Si me prometes que no le dirás nada a tu amo, tendrás un sombrero que yo te regalaré.

TONTO. ¡Ah! Bueno. Entonces no diré nada. Pero no os burléis de mí.

MUJER. Te prometo, de verdad, que lo tendrás dentro de poco.

AMANTE. Bien, pero ahora vete a comprarnos algún buen pastel de carne.

TONTO. ¿Y cuando lo traiga me daréis al menos un poco?

AMANTE. Sí, tendrás las dos manos llenas sin falta.

TONTO. Entonces, ¡venga el dinero!, huésped. Pero oídme, ¿yo comeré?

AMANTE. Sí, de verdad. Toma, aquí está el dinero.

TONTO. ¡Ah! ¡Qué amable es! Voy a comprar un pastel de carne.

MUJER. Este tontainas lo ha estropeado todo. Me arrepiento de haberlo contratado.

---

[4] El tonto altera la expresión original de *Faire la beste à deux dos* por *Faire la beste à deux doulx*, lo que produciría, sin duda, la risa entre los espectadores. Como no hemos encontrado en español una expresión que se acercara a «hacer o formar un animal de dos espaldas» hemos preferido emplear el eufemismo, sin duda alguna algo anacrónico, que aclara, sin embargo, totalmente la exclamación del tonto que observa los gestos de los dos enamorados.

Amante. Os juro que se ha portado muy mal. Sin él estábamos muy bien.

Tonto. *(Que vuelve.)* ¡Santo Dios! Ya no sé cuánto me han dicho que traiga. Volveré a la casa. *(En la casa.)* ¿Cuántos pasteles queréis?

Mujer. ¡Ay! ¡Dios bendito! Trae uno. Estás loco. ¡Mira si te rompieras el cuello al volver!

Tonto. Ya voy, voy al instante. No me pararé.

Amante. No salen muy bien las cosas. Pero ¿para qué desolarse? Reconfortaos, os lo ruego y no penséis más en ello.

Tonto. *(Que vuelve.)* ¿De qué precio queréis que lo compre?

Mujer. ¡Ay! ¡Dios mío! ¡Qué tonto eres! ¿Pero es que no sabes hacer las compras?

Tonto. Sí, pero quiero preguntaros cómo hay que hacer las compras. Por Santa Marande, yo no sé lo que quiere decir.

Amante. Amigo mío, cuando llegues, pide un pastel de tres sueldos.

Tonto. Bueno, bien. Por vos iré.

Amante. ¡Qué pesado es! Tiene menos seso que un buey.

Tonto. *(Que vuelve.)* ¿Traigo un pastel de ternera, de pollo o de lechón?

Amante. Da lo mismo con tal de que sea bueno. Date prisa.

Tonto. Os juro que no me iré si no me decís cuál es el que queréis.

Mujer. Nos estamos demorando. Pide un pastel de lechón.

Tonto. Allí voy. ¡Por San Bueno!

Mujer. ¡Vaya un chico curioso! ¡No he visto en mi vida otro semejante!

Tonto. *(Que vuelve otra vez.)* ¿Qué es lo que queréis que traiga?

Amante. Trae un pastel de lechón.

Tonto. Bueno, pero... decidme dónde los venden para que no tenga que venir otra vez.

Mujer. Al final de la calle de Bièvre, en la tienda de la Jarra de estaño[5]. *(Dirigiéndose al* Amante.*)* Señor, estáis afligido. Tened paciencia, os lo ruego.

---

[5] El rótulo de *Pot d'étain* o jarra de estaño, sigue aún siendo frecuente en Francia para indicar una cervecería o establecimiento de consumo de bebidas alcohólicas.

Tonto. Silencio, silencio. Se me ha olvidado lo que me habéis dicho. Por poco no vuelvo, ¡caramba!

Amante. ¿Ya estás aquí otra vez? Pide un pastel de lechón.

Tonto. Bien. Traeré uno que sea bueno. Pero ¿lo queréis frío o caliente?

Amante. Caliente.

Tonto. Era en...

Mujer. En la Jarra de estaño.

Tonto. *(Mirando hacia la calle.)* ¡Por la Virgen santa! Allí llega mi amo por el camino.

Amante. Os digo adiós entonces, señora, hasta la vista.

Tonto. ¡Pardiez! Pero yo quiero mi sombrero. ¿Me estáis oyendo?

Mujer. Os dejo marchar y os ruego que me excuséis.

Tonto. ¿Con esas astucias me voy a quedar yo sin mi sombrero? *(Le quita el sombrero al* Amante.*)* Os juro por San Bonnet que lo conseguiré antes de que os marchéis de aquí.

Mujer. *(Al* Tonto.*)* Devolvédselo, por favor. Mañana tendréis otro igual.

Tonto. Eso, ama, dígaselo usted a otros, porque éste, ¡demonios!, no lo recuperará jamás.

Marido. *(Entrando y viendo el sombrero.)* ¡Hombre!, ¡hombre! ¿Qué sombrero llevas? ¡Ese sombrero es el de un conquistador!

Tonto. Es verdad, es verdad: es un mujeriego. Ha asaltado a mi ama y desde el primer combate la ha tumbado.

Mujer. No lo creáis, esposo mío.

Marido. Quiero estar informado de este asunto. ¿Qué quería? Dímelo.

Tonto. Quería hacerle el amor a mi ama, pues se veía que la bragueta se le subía hacia ella.

Marido. ¡Vieja crápula, alcahueta, puerca, puta cochina! ¿Tenéis que llevar este género de vida cuando yo estoy fuera de casa?

Mujer. ¿Habéis perdido la razón para insultarme así?

Marido. ¡Eh! ¡Diablo! ¿Hace falta que habléis? Ya estoy bien informado de vuestro asunto. Por el Dios que me ha hecho y criado, os voy a apalear hasta que me canse.

Mujer. Por un loco perverso ¿seré yo tan mal tratada? ¡Ay!

¡Dios mío! ¡Me ha dejado medio muerta! ¡Deteneos, os lo suplico!

TONTO. *(Viendo la paliza.)* ¡Toma! ¡Toma! ¡Qué golpazos! ¡Ah! ¡Demonios! ¿Aún estoy aquí?

MUJER. Esposo mío, os pido gracia y merced, os ruego que me perdonéis.

MARIDO. Como volváis a empezar, no lo pagaréis por tan poco precio. *(Dirigiéndose al público.)* Si hemos actuado mal en lo que sea, rogamos a la compañía que está aquí reunida que, sin reparos, tenga a bien excusarnos a todos.

BIBLIOGRAFÍA

Esta farsa, contenida en la colección del British Museum, se editó en París por Nicolas Chrestien a mediados del siglo XVI.

EDICIONES:

COLLECTIF, *Ancien théâtre françois,* París, P. Jannet, 1854-1857, tomo I, págs. 179-194.

ESTUDIOS:

LEROUX, Normand, «Un personnage de la farce française du Moyen Age: le badin», *Revue sur l'Université de Sherbrooke* (Canadá), s.d. páginas 145-151.

LEWICKA, H., *Etudes sur l'ancienne farce,* París, Klincksieck, 1974, páginas 108-109.

MAZQUER, Charles, «Un personnage de la farce médiévale: le naïf», *Revue d'Histoire du théâtre,* 1972, tomo II, págs. 144-162.

SANDRON, P., «Deux emplois du théâtre médiéval: le sot et le galant», *Revue d'Histoire du théâtre,* 1958, tomo X, págs. 35-39.

TOLDO, Pierre, «Etude sur le théâtre comique français du Moyen Age», *Studi di filologia romanza,* Turín, 1903, tomo IX, páginas 299-315.

EL CALDERERO

EL CALDERERO[1]

Personajes:

El hombre, la mujer y el calderero

Hombre. *(Entra cantando.)* Había una vez un hombre que transportaba unos haces...

Mujer. ¡Ah! Por San Cosme, ¿sois vos, el más tonto de los tontos?

Hombre. ¡Vaya!, esposa mía. Por lo que veo, me queréis gobernar.

Mujer. ¡Por mi alma, Juan del Bosque, no tenéis ni una perra y siempre estáis con ganas de cantar!

Hombre. ¿No vale más cantar que engendrar melancolía?

Mujer. Más valdría que os consolarais remendando los zapatos en lugar de cantar tonterías.

Hombre. ¡Eso que os pesa!

Mujer. Pues sí, por San Coquilbaut.

Hombre. ¡Vieja cochina!

Mujer. ¡Maldito pico!

Hombre. ¡Llena de...!

Mujer. ¡Mierda!

Hombre. ¡Para tu boca! ¿Habéis visto la marrana qué amable es?

Mujer. ¿Habéis visto el pajarito qué nota tan melodiosa nos ofrece con su canción?

---

[1] El título original es: *Farce nouvelle tresbonne et fort Joyeuse à troys personnages d'un CHAUDRONNIER, c'est assavoir: l'homme, la femme et le chaudronnier.*

[91]

HOMBRE. A fe mía, yo creo que está celosa de oírme cantar tan bien.

MUJER. ¿Celosa yo de oír vuestra boca famosa rebuznar? Cuando nuestra cochina quiere revolcarse y quiere entrar en la zahúrda, su canción es tan sublime como la vuestra, ni más ni menos.

HOMBRE. ¡Ah! ¡Muy bien dicho, Anita!

MUJER. ¡Ah! Muy bien dicho, Guillermito! *(Va a coger un garrote.)*

HOMBRE. ¡Venga! ¡Pegad!, no lo dudéis.

MUJER. ¡Por la Virgen que no dudaré!

HOMBRE. Como coja el bastón os haré hablar más bajito. *(Coge el garrote.)*

MUJER. ¿Quién tú, mamón? ¡Bastante te temo yo, pobre lechón, cagueta de jubón mugriento!

HOMBRE. ¿De jubón mugriento? Y vos, cochina, que os llaman clavo de especia...[2].

MUJER. Y a vos el Galiffre de la banda[3].

HOMBRE. Vos os perfumáis con almizcle.

MUJER. Y vos con salsa de mostaza.

HOMBRE. ¡Vaya loca!

MUJER. ¡Vaya pituso!

HOMBRE. ¡Uh!, ¡la apetitosa!

MUJER. *(Golpeándole.)* ¡Toma, bocazas!

HOMBRE. ¡Cómo! ¿Que me has pegado, diente viejo? *(Pegándole a ella.)* ¡Toma esto en la cabeza!

MUJER. ¡Chúpate este bastonazo!

HOMBRE. Y tú éste. ¡Pues no me quiere dominar...! ¡Ríndete!

MUJER. Ni hablar, antes morir.

HOMBRE. *(Rascándose.)* ¡San Mauro, qué condena! ¡Por San Copin, si tengo la piel curtida!

MUJER. ¡Victoria y dominio! ¡Que le entreguen el poder a las mujeres!

---

[2] Es decir, «Tienes un olor fuerte y penetrante como el clavo».

[3] Parece existir aquí una alusión al gigante Galaffre, que aparece en el cantar de gesta de *Huon de Bordeaux,* acompañado aquí de una banda o grupo. Sin lugar a dudas, el insulto no es ni acertado ni muy oportuno en el texto, pero produciría la risa, que es, en definitiva, la primera finalidad de una farsa.

HOMBRE. ¡Qué ignominia! Pero más infame todavía es el que pierde el tiempo en escuchar tu palabrería.

MUJER. ¡Victoria para las mujeres y para vos maldición!

HOMBRE. En todo no.

MUJER. ¿En qué? ¡Será por hablar y chismorrear! Por mi alma, ve a decírselo a las demás. No temo a ninguna mujer de la ciudad para chismorrear y cascar.

HOMBRE. No me extraña. En cuestión de chismorreo una mujer gana siempre. Antes veríais a Lucifer convertirse en un ángel bendito que a una mujer estarse quieta y callarse, o hacer como que se calla.

MUJER. Sí que lo veréis. ¡Pardiez! ¡Cabeza de mimbre!

HOMBRE. ¿Cómo? ¿Serías capaz de hacerlo sin mover la cabeza?

MUJER. Y sin mover la boca ni los párpados.

HOMBRE. Apuesto dos sueldos. Yo mismo los pagaré.

MUJER. Te juro por San Mauro que no me moveré. Me dominaré en todo momento.

HOMBRE. ¡Venga!, decid qué es lo que hay que hacer.

MUJER. Quedaos ahí sentado, sin hablarle a nadie ni al cura ni al monaguillo, más callado que un crucifijo. Yo, que me callo sin querer, me quedaré más quieta que una estatua de china.

HOMBRE. ¡Muy bien dicho, mujer inteligente! El que pierda tendrá además que pagarse una buena sopa[4].

MUJER. ¡Chitón! ¡No hablemos más!

(Mientras ambos quedan inmóviles, se oye el pregón de un CALDERERO *que entra con todos sus útiles de trabajo.)*

CALDERERO. ¡Calderero! ¡Calderas, calderero! ¿Quién quiere arreglar sus sartenes? Es momento de pregonar. ¡Calderas! ¡Calderero! *(Dirigiéndose al público.)* Señores, yo soy tan buen calderero que de un agujero sé hacer dos. ¿Adónde tengo que ir? ¿Quién hay? Yo soy un trabajador. ¡Eh! ¿No hay nadie ahí dentro? *(Entra y se acerca al marido y a la mujer.)* Pues sí, ¡demonios!, aquí hay dos. ¡Que Dios os guarde! Señora,

---

[4] En el original aparece *soupe payelle*, que parece indicar una sopa elaborada en una sartén.

¿no tenéis ninguna caldera que apañar? ¿Me estáis oyendo? ¡Eh!, ¡oiga!, señora, hábleme usted. O es sorda o está algo tocada mirándome así entre ojos. ¡Eh!, ¡señora!, ¡Santo Dios!, yo creo que se le ha ido la cabeza. Y usted también, amo, buen pensamiento, ¿no tenéis ninguna caldera que arreglar? Oiga, patrón, ¿está usted sordo, mudo o tonto? ¡Caramba! No suelta ni palabra, pero me mira entre ojos. Que pierda todos mis instrumentos de trabajo si no le hago abrir la boca. ¡Eh!, Juanillo el tonto, ¿habéis atrapado alguna mosca? ¿Estáis jugando a presidente? No mueve ni labio ni diente. Al verlo así, parece una imagen de San Nicolás de la Villa. Yo os haré San Nicolás o San Cosme, o si no, San Pedro de Roma. *(Empieza a sacar todo lo que lleva para disfrazar al marido.)* Tendréis la barba de estropajo y luego cualquier cosa en la mano. Y esto como tiara *(le pone una caldereta),* y como báculo, hagamos lo mismo, tendréis esta hermosa cuchara. Y en la otra mano, en lugar de libro, este orinal. ¡Santo Dios!, ¡qué hermoso va a quedar! Puesto que sois un amable señor, santo bendito, no se os ocurra reír porque se estropearía el milagro. Para que sea más admirado voy a pintarle con mis dos manazas, que son gorditas y delicadas, su suave y precioso hocico. *(Lo embadurna de hollín.)* ¡Ay! ¡Dios mío!, ¡qué guapo se va a quedar! *(Poniéndose de rodillas ante él.)* San Coquilbaut, yo os adoro[5]. *(Se levanta.)* Pero ¿qué diablos tendrán en la garganta? Él no se mueve ni una chispa. *(Hablándole a la mujer.)* ¡Hola!, damisela de Haudin, que estáis aquí tan limpita, que Dios os conserve así, morenita. *(Le embadurna también la cara.)* ¡Eh!, os lo ruego, preciosa, habladme un poquillo; llamadme amigo vuestro, sonriendo. ¡Esto sí que es grande! ¡Voto a bríos, que os haré hablar al uno o al otro, como lo deseo! ¡Ah!, por mi alma, que se parece a Venus, la diosa del amor. ¡Qué carita! Señor, ¡qué fie-

---

[5] En esta expresión, el calderero alude al juego de «San Cosme te vengo a adorar» que aparece ya en el *Jeu de Robin et Marion* y más tarde en el *Gargantua* de Rabelais. Consistía en que una persona hacía de santo y todos los demás acudían a presentarle las ofrendas más pintorescas y cómicas que tuvieran a su alcance. Si el santo se reía se le daba una prenda y si el que se reía era el que acudía a adorarle, éste ocupaba el lugar del santo.

reza! Amiga mía, permitid que os corteje. *(Acariciándole la cara.)* Tenéis la piel delicada. Sois paciente y dulce. *(Acerca su rostro al de la mujer.)* Permite que le toque con mi nariz. ¡Demonios!, palmito coqueto, quiero besaros y abrazaros.

HOMBRE. *(Reaccionando, le da en la cabeza con la cuchara que le había puesto como báculo.)* ¡Que el diablo te lleve, cobarde calavera!

CALDERERO. ¡Socorro! ¡Ay, mi cabeza!, me ha matado.

HOMBRE. Me alegro mucho. Te juro por San Juan que te voy a dar otra.

MUJER. ¡Habéis perdido! Yo he sabido dominarme.

HOMBRE. ¡Ven aquí, ladrona! ¿Por qué te has dejado besar por un calavera semejante?

MUJER. ¡Pues para ganar! Si me impaciento hubiera perdido ¿no? Pues ya está todo dicho.

HOMBRE. ¡Es verdad! Bueno pues, ¡vámonos a echar un trago!

MUJER. Vamos. Pero puesto que he ganado yo, ordeno que el calderero venga con nosotros.

HOMBRE. Te juro por mi alma que no vendrá.

MUJER. Y por mi alma que sí vendra, por muy celoso que estéis.

HOMBRE. *(Al calderero.)* Bueno, pues si es así, venid con nosotros. Pero mucho cuidado ¡eh!, nada de besos.

CALDERERO. Tengo todos los huesos molidos. *(Dirigiéndose al público.)* Buena gente que nos miráis, venid a festejar la apuesta. Anunciadla y retened que las mujeres que sabéis han obtenido la victoria.

MUJER. Pues sí, es verdad.

HOMBRE. Vamos a darle a las mandíbulas y a beber a la taberna. *(Dirigiéndose al público.)* Venid todos, os lo ruego, los de arriba y los de abajo a compartir dos jarras de vino. Bebed todos, os lo ruego y aplaudid nuestra representación, los de arriba y los de abajo.

BIBLIOGRAFÍA

Esta farsa, como las anteriores, pertenece a la colección del British Museum y debió ser editada por primera vez a mediados del siglo XVI por Nicolas Chrestien en sus talleres de París.

Ediciones:

COLLECTIF, *Ancien théâtre françois,* París, P. Jannet, 1854-1857, y Ginebra, Slatkine, 1973.

Traducciones y adaptaciones modernas:

CHACEREL, Léon, *La farce du Chaudronnier,* París, La Hutte, 1939.

GASSIES DES BRULIES, G., *Anthologie du théâtre français au Moyen Age,* París, Delagrave, 1925.

PAUL, Jules, *La farce du chaudronnier,* Château-Gontier, Leclerc, 1932, págs. 35-44.

RIAL, Faber, «La farce du chaudronnier», *Fantasio,* núm. 81, diciembre de 1909, págs. 299-301.

Estudios:

AUBAILLY, J. C., *Le Théâtre médiéval profane et comique,* París, Larousse, 1975.

BOWEN, Barbara C., *Les caractéristiques essentielles de la farce française et leurs survivances dans les années 1550-1620,* University of Illinois press, Urbana, 1964.

GARAPON, Robert, «Le réalisme de la farce (XV^c et XVI^c siècles)», *CAIEF,* núm. 26, mayo de 1974, págs. 282-288.

MAESE MIMÍN ESTUDIANTE

MAESE MIMÍN ESTUDIANTE[1]

Personajes:

Raulet el padre, Lubine la madre, el maestro, Maese Mimín, su novia y Raoul Machue el padre de la novia

(En la finca de Raulet. Entra Lubine y hace a su marido un saludo con la mano.)

Raulet. Lubine. ¡Eh! Nada de «buenos días». *(Amenazándola.)* ¿No teméis mi mano? ¿De dónde venís?

Lubine. Vengo del horno de ver si podemos cocer mañana. Todos no tenemos un cuerpo tan sano como el vuestro...

Raulet. ¡Vaya palabrería! ¿Qué pasa? ¿Os duele el pecho? ¿Os duelen aún los pechos?

Lubine. No, pero tengo muy malas noticias de nuestro hijo.

Raulet. Pues... ¿cuáles son?

Lubine. Son que ya no habla francés. El maestro lo ha sometido a sus normas y él se ha metido tan de lleno en ellas que no se le comprende más que a un inglés.

Raulet. ¡A Dios me encomiendo! ¿Y qué podemos hacer? ¡Que Dios nos ayude!

Lubine. ¿Que qué vamos a hacer? ¡Que Dios me perdone! Sa-

---

[1] El título original es *Farce joyeuse de MAISTRE MIMIN ESTUDIANT à six personnages: c'est assavoir: la maistre d'escolle, maistre Mimin estudiant, Raulet son pere, Lubine sa mere, Raoul Machue et la bru maistre Mimin.*

béis que está prometido a la hija de Raoul Machue. No hay otra más bella en su calle, ni que mejor se acicale para las fiestas.

RAULET. Yo lo había enviado a la escuela para hacerlo un hombre de leyes...

LUBINE. Más bien para que se volviera loco. ¿No se sabía ya todos esos libros que nos habían costado más de doscientos francos? Yo le oí decir a maese Mengín que tenía la mejor cabeza que jamás ningún muchacho logró tener. No hay más que verle la nariz, es la mejor prueba[2].

RAULET. Que no hable —me presigno— *(hace la señal de la cruz)* ni una palabra en francés es un grave problema, pues la chica no lo entenderá cuando hable con él.

LUBINE. Pues no. Por eso me parece que debemos ir a la escuela, para ver en qué estado se encuentra. Pues mientras más tiempo pase allí, más latín hablará y no lo van a entender ni los perros.

RAULET. Dices bien, Lubine. Al pasar recogeremos a Raoul Machue y a su hija, la novia de nuestro hijo, pues creo —para ser exacto— que a ella le hablará en francés.

LUBINE. ¡Por las fibras de mi chaqueta!, me habéis alegrado al oír vuestras palabras. ¡Vamos rápidamente!

RAULET. Llegaremos enseguida, pues están ahí mismo.

LUBINE. *(Llamando.)* ¡Eh! ¡Eh! *(A su marido.)* Daos prisa, llegaremos al instante.

R. MACHUE. ¿Qué estoy oyendo?

NOVIA. Estoy segura de que es Lubine. ¡Eh! ¡Eh!

R. MACHUE. Daos prisa.

RAULET. Llegaremos al instante; están ahí, al alcance de la voz. Buenos días. ¡Eh!

R. MACHUE. Que Dios guarde a Raulet mi amigo y a mi buena Lubine.

RAULET. ¡Eh!, acercaos, por favor.

LUBINE. Buenos días.

---

[2] Alusión a la creencia inmemorial de que las dimensiones de la nariz están en proporción con la inteligencia. La misma creencia ha existido en relación a la longitud del pene, de aquí, tal vez el equívoco en que suele mantenerse el diálogo.

R. Machue. Que Dios os guarde, Raulet.

Raulet. ¿Qué está haciendo tu hija?

R. Machue. Está hirviendo la leche.

Novia. *(Saliendo.)* Ya está, ya he terminado.

Lubine. ¡Ven aquí, hermosa!

Raulet. Buenos días.

R. Machue. Que Dios guarde a Raulet mi amigo y a mi buena Lubine. ¡Santo Dios! ¿Qué os trae por aquí? Veros por aquí es una gran novedad.

Lubine. ¡Que Dios nos proteja!

R. Machue. Pues ¿qué ocurre?

Raulet. Nada importante, pero ¡alejémonos! No me atrevo a hablar delante de vuestra hija.

R. Machue. ¿Qué pasa? ¿Hay fuego en el pueblo? o ¿se ha muerto Mimín?

Raulet. No. Mira lo que pasa: interrumpimos la enseñanza de su primer «pidagogo» para hacerlo un gran «astrílogo» y un gran abogado con el fin de que supiera administrar mejor los bienes que pudiera heredar de nosotros dos. Pero no estamos muy contentos, pues resulta que tanto ha cogido y comprendido, aprendido, recogido y emprendido, y tanto ha recitado en latín, que ha olvidado el francés y no es capaz de decir ni media palabra. Por lo que creo que debemos ir a buscarlo lo más rápido que podamos ir y correr para ponerle remedio.

R. Machue. ¿Y decís que estudia tanto y tan de firme? Así hay peligro de que haga algún encantamiento para atraer al diablo.

Lubine. Vamos juntos a buscarlo, amigo mío, para que podamos verlo.

R. Machue. Vamos, pues. Pongámonos en camino rápidamente. No hay más remedio que ir. *(A su hija)* Vístete. ¿Lo harás de una vez, remolona?

Raulet. Vamos, pues. Pongámonos en camino.

Lubine. ¿Creéis que se alegrará de verla?

Raulet. Inútil es decirlo. ¡Venga!, vamos. Pongámonos en camino rápidamente, no hay más remedio que ir.

R. Machue. Pero ¿de dónde vienes?, ¿de remolonear? Lubine, dadle la mano.

NOVIA. Vengo de buscar la muñeca que maese Mimín, mi amigo, me regaló.

LUBINE. ¡Qué cabeza! ¡Ya véis lo que es el amor!

(En la escuela, en la ciudad.)

MAESTRO. Para que no me dejes mal, me proporciones honor y un día seas un señor, maese Mimín aprende y lee. Responde: quod librum legis? Dilo en francés.

MIMÍN. Ego non sire. Franchoyson jamais parlare; car ego oubliaverunt.

MAESTRO. ¡Jamás vi a nadie tan diligente y tan entusiasta para el estudio! ¡Está sin cesar sumido en sentencias y epístolas! Ahora, búscame el capítulo (¡qué profunda ciencia!) de los aventureros que toman del mundo todo cuanto pueden. Pues, ya que debes saberlo, te haré tan gran hombre que todos los sabios de Roma, de París y de Pavía te envidiarán porque sabrás más que ellos.

MIMÍN. *(Leyendo.)* Mundo variabilius; avanturosus hapare bonibus, et non paignare, non durabo certanibus; et non emportabilibus que bien faictas au partire. Capitulorum huyctare dicatur.

MAESTRO. ¡Qué hermosas palabras, Dios santo! Las personas que hablan con tanta elevación, no tienen nada de tontas. ¡No se equivoca ni en una palabra, sale todo de él y sin copiar a nadie! ¡Será algún día un gran pilar en este reino! Ahora, búscame el salmo donde se dice que el mundo y sus honores no dependen sino de un hilo.

MIMÍN. Gaudeamur! In capitro tertialy: Pendaverunt esse paly mondibus et honorandus a un petitum filetus. Vivabit sous advantura montellus in couvertura remportaverunt bonorum.

MAESTRO. ¡Ah! ¡Qué maestro Aliboron![3]. ¡Cómo hace vibrar el latín! Y sin embargo, al verlo se diría que no sería capaz ni de alterar el agua.

_____

[3] Aliboron es el nombre propio de un personaje que, presentándose como un gran sabio, no era otra cosa que un charlatán y un demagogo.

(Entran en la escuela los demás personajes.)

RAULET. Ya estamos aquí.

LUBINE. Entrad delante los hombres; ella y yo os seguiremos. Sé muy amable, hermosa mía.

NOVIA. Miradme. ¿Estoy bien así?

RAULET. Vos iréis delante.

R. MACHUE. No, no, el padre de un chico va siempre delante[4].

RAULET. Venid.

R. MACHUE. Vale, así. Vos debéis ir delante.

NOVIA. ¡Venga! ¡Venga! Las mujeres no tendrían más remilgos. ¡Qué testarudos!

RAULET. *(Entrando.)* Dios os guarde, maestro e hijo mío. ¿Cómo estáis?

MIMÍN. Bene.

MAESTRO. Saluda a tus padres en francés, dómine.

MIMÍN. Ego non sire. Parus, merus, Raoul Machua, filla, douchetus poupinis donnare a mariaris, saluare compagnia!

RAULET. No entendemos ni palabra.

MAESTRO. Os está saludando, amigos míos.

LUBINE. ¡Hablad en francés! ¡Hablad «quia»![5].

MIMÍN. ¡Quia!, ¡latina parlaris!

NOVIA. Padre, os juro que a mí me da risa oírlo.

RAULET. Desde luego, sabe muchísimo.

MIMÍN. Patrius, merius, Raoul Machua, filla, douchetus poupinis donnare a mariaris, saluare compagnia!

LUBINE. *(Al MAESTRO.)* ¡Oídme, por su madre! ¡Levantaos! ¡Estáis demasiado tranquilo!

RAULET. (A MIMÍN.) ¿Es que has olvidado la lengua que tu madre tanto te enseñó? ¡Ella que habla tan bien!

MAESTRO. Verdaderamente, parece que tiene el cerebro un poco rudo. Arde y se inflama tanto con el estudio y habla

---

[4] André Tissier encuentra en la expresión una parodia del dicho jurídico «Patrem insequitur proles» (Los hijos van siempre detrás de los padres).

[5] *Parlez quia.* A partir del latín *quia,* porque existía en francés medieval una expresión «estre à quia», que significaba «no poder hablar», «no tener nada que decir». La expresión de la madre no debe tener más significación que la de «decid algo».

algunas veces tan alto que tanto él como yo quedamos ensordecidos. Me pongo como loco cuando me acuerdo.

LUBINE. Sabemos muy bien por qué le ocurre eso. Hay maestros tan perversos que le pegan a sus alumnos si no se saben un verso. Lo habéis tenido demasiado tiempo sometido al palo, pero ya no lo tendréis más.

MAESTRO. ¡Yo tengo poco que perder! ¿Por qué me echáis esta reprimenda?

RAULET. El maestro ya no puede más, lo ha hecho lo mejor que ha podido...

MIMÍN. Aprenatis, carismedes...

R. MACHUE. El maestro ya no puede más.

LUBINE. ¿Hablaréis algún día en francés? Por lo menos dile alguna palabra, galán.

NOVIA. El maestro ya no puede más; lo ha hecho lo mejor que ha podido.

LUBINE. Por lo menos, bésala. ¿Me oyes? ¡Qué poca delicadeza tienes!

MIMÍN. Baisas. Couchaverunt a nocias maistre Miminis anuitus sa fama tantôt maritus, facere petit enfançon.

RAULET. ¡Qué lenguaje más endemoniado! ¿Qué quiere decir, maestro?

MAESTRO. Es algo para reír... esas palabras suenan un poco a... carnales.

R. MACHUE. Pues ¿qué ha dicho?

MAESTRO. Que le gustaría mucho acostarse con la chica, como si fuera un hombre en su noche de bodas y permanecer junto a su mujer, con la ayuda de Dios[6].

RAULET. ¡Qué lanzado!

LUBINE. ¡Tiene el corazón caliente![7].

R. MACHUE. Y ¿os sorprende, Lubine? ¡Santo Dios! ¡Cuando yo tenía su edad! Yo me lanzaba al segundo. Visto y hecho[8].

---

[6] El maestro, al traducir, suprime la última frase sin duda para paliar en la medida de lo posible el carácter erótico de las afirmaciones de Mimín.

[7] La expresión en francés medieval es «avoir le cuer à la cuysine», equivalente a la del francés actual «être chaud sur le potage».

[8] Traducimos el proverbio «Sur pied sur bille» por «Visto y hecho», aunque quizá le cuadraría también nuestro «Aquí la pillo, aquí la mato».

RAULET. Hablad bajo, por la chica. En estos tiempos son tan
dadas a «eso» que aunque las palabras fueran finas, las en-
tenderían entre dientes. ¡Bueno está!, dejemos este asunto.
Maestro, habéis dicho que, sin duda alguna, nuestro hijo
sabe ya más que vos ¿no? Esas son vuestras palabras. Bien,
pues a partir de ahora vos acudiréis a su escuela, porque él
se va a venir con nosotros.

MAESTRO. ¡Por mí no va a quedar! Iré gustoso a instruirle y a
ver si es posible que lo convenzamos de que hable algo en
francés.

(Se van a la finca de RAOUL MACHUE.)

RAULET. De verdad, ¿no sabe cantar nada para animarnos el
camino?

R. MACHUE. Mi hija canta muy bien.

NOVIA. De verdad, ¿ya no sabe cantar?

MAESTRO. Que sí, que sí.

LUBINE. Vamos. *(Dirigiéndose a* MIMÍN.) Y vos, galanteador,
acompañad a la chica.

R. MACHUE. ¿De verdad que ya no sabe cantar para alegrarnos
el camino?

MAESTRO. Normalmente canta de maravilla.

RAULET. Venga, ¡vamos!, ¡cantad! *(Cantan todos.)*

(Entran en la finca de RAOUL MACHUE.)

RAULET. Ya está bien, esto hay que solucionarlo. Maestro,
¿qué hay que hacer para que vuelva a hablar francés?

MAESTRO. La lectura es la que lo ha puesto tal y como está, así
que sería muy peligroso dejarlo solo. Que no se aleje y que
no dejen de vigilarlo ni de día ni de noche. Que no tenga a
mano ni libro ni librillo, pues eso lo embriagaría y le turba-
ría el cerebro.

LUBINE. ¡Nosotros vamos a actuar de otro modo para volver a
enseñarle su lengua! Lo vamos a meter en una jaula: así es
como se le enseña a los pájaros a hablar.

RAULET. Muy bien dicho.

R. MACHUE. Me parece muy buena idea, Lubine.

NOVIA. ¡Ah! ¡Santo Dios! ¡Qué lista sois! Aventajáis a todos
nuestros vecinos. ¿Estaría bien en nuestra jaula de pollos?

R. Machue. Yo creo que allí no podría entrar: es tan alto, tan ancho de espaldas, tan bien formado y relleno, que apenas podría entrar.

Novia. Esperad, voy a enseñárosla. Bastará con que la cabeza, la nariz, la boca y los dientes estén dentro, aunque se le quede el culo fuera.

Raulet. *(Mirando a* Mimín.*)* ¡Vaya cara que pone! No temas, hijo mío. Yo, que soy tu padre Raulet, el maestro y Raoul Machue te enseñaremos a hablar. Está sudando de miedo. ¡Da pena verlo!

Mimín. Cageatus emprisonnare, livras non estudiare et latinus oubliare. Magister non monstraverunt, et non recognossaverunt intro logea resurgant.

Raulet. ¿Qué dice?

Maestro. Que está deseando estudiar y que se muere si lo encierran.

Lubine. Por algún lado hay que empezar. ¡Venga, maese Mimín, entrad!

R. Machue. Mostrad que sois hombre de bien y haced lo que os aconsejen.

Lubine. ¡Qué bueno es! ¡Mirad qué maravilla, cómo entra suavemente!

Mimín. ¡Ay!

Lubine. Se ha hecho daño en una oreja.

Raulet. ¡Qué dócil es! Esto es una maravilla.

Maestro. No hay nada comparable al hecho de ver cómo obedece dócilmente.

Lubine. ¡Qué bueno es! ¡Qué maravilla verlo entrar tan suavemente!

Raulet. Maestro, como estamos reunidos aquí todos, creo que lo primero que debemos hacer es hablar entre hombres; creo que es lo mejor. Así que ¡habladle!

Maestro. De acuerdo; sin querer ofender a nadie, pero entre nuestra palabra y la de las mujeres, hay un abismo[9], pues

---

[9] En el texto original las palabras del maestro son «Noz paroles et ceulx des femmes, ce sont deux paires des boissons», que vendría a equivaler a nuestra expresión «Son harina de otro costal», pero los elementos de subordinación que exige la frase nos han aconsejado traducir por «entre nuestra palabra y la de las mujeres hay un abismo».

nosotros conocemos más cosas y somos más consecuentes. *(A Mimín.)* Dios te envía la perfecta elocuencia en francés, maese Mimín. Ahora ¡hablad!

NOVIA. No, no, vos no. Las mujeres son las que tienen fama de hablar.

MAESTRO. Demasiado, a veces.

NOVIA. Nosotros tenemos la voz más suave que los hombres; la vuestra es demasiado ruda. Un niño que acaba sus estudios no debe ser tratado así.

LUBINE. No y no. *(A Mimín.)* Decid: mi alegría.

MIMÍN. *(Responde con voz de mujer.)* Mi alegría.

LUBINE. Madre mía, os pido clemencia.

MIMÍN. *(Llorando.)* Madre mía, os pido clemencia.

LUBINA. Y a mi padre Raulet también.

MIMÍN. Y a mi padre Raulet también.

LUBINE. Y a mi señor Raoul Machue.

MIMÍN. Y a mi señor Raoul Machue. ¡Sacadme de aquí, madre, que estoy sudando! ¡Nadie puede imaginar lo que estoy sufriendo!

LUBINE. ¿No ha hablado sensatamente? No hay mejor método que el nuestro.

NOVIA. ¡Venga! ¿Dónde están los hombres? ¿No queríais hacerle hablar? ¡Sí, sí! Más tonto se hubiera vuelto. *(A Mimín.)* Ahora decid: amiga mía, preciosa mía...

MIMÍN. *(En voz alta.)* Ahora decid: amiga mía, preciosa mía...

NOVIA. Os doy mi corazón y mi amor.

MIMÍN. Os doy mi corazón y mi amor.

NOVIA. Y al magister de todo corazón...

MIMÍN. No, no, magister no, que es latín. No me atrevo a hablar más en latín, por miedo a mi madre.

NOVIA. ¡Qué hermosa voz! ¡Qué cuerdamente habla!

RAULET. ¡Esto es un milagro!

R. MACHUE. Esa es también mi opinión, de verdad.

MAESTRO. Tenemos que reconocer que las mujeres tienen más arte que el demo... No quiero decir más.

NOVIA. No hay más que decir. ¿No hay loros, cotorras, estorninos y grajos que las mujeres con su suave lenguaje enseñan a hablar en la jaula? ¿Cómo no le íbamos a hacer hablar a mi amigo?

LUBINE. Tenemos que irnos. Volvamos a casa y pagadnos algo de beber.

MIMÍN. *(Silbando.)* Escuchad madre, ya trino como un canario de las Ardenas. Pi, pi, pi, pi. Quiero cantar en voz alta. ¡Los pájaros cantan tan bien en su jaula...!

RAULET. *(Lo saca de la jaula y dice.)* Ven aquí, hijo mío. Cantaremos mejor por el camino.

MIMÍN. Ahora ya hablo bien, bien.

MAESTRO. Eso no es sino obra de mujer.

MIMÍN. ¡Ay, padre! ¡Que Dios nos acompañe! Ahora ya hablo bien, bien. ¡Vamos a beber todos a gusto! ¡Ay!, amiga mía, os juro por mi alma que ahora ya hablo bien, bien.

MAESTRO. Eso no es sino obra de mujer. Yo lo digo sin querer ofender a nadie, pero en cuestión de hablar son famosas.

RAULET. Bueno, vamos. Quiero comer a gusto en casa hoy.

MIMÍN. ¿Nos comeremos el pato que me picoteaba la nariz?

RAULT. Sí, sí.

NOVIA. ¡Vamos, vamos!, yo os ayudaré como es debido. Pero iremos despacio porque estoy muy cansada.

MIMÍN. *(Sube a la* NOVIA *a cuestas.)* Os llevaré agarrada a mi cuello.

RAULET. ¡Despacio! ¡Estáis loco! ¡Que está aún muy tierna de los pechos!

MIMÍN. Cantad ahora: re, fa, sol.

LUBINE. ¡Despacio! ¡Estáis loco!

MIMÍN. Padre, ¡qué cachetes más blandos tiene!

R. MACHUE. Pues os aseguro que es doncella.

MAESTRO. ¡Despacio! ¡Estáis loco! ¡Que está aún muy tierna de los pechos!

RAULET. Cantemos todos, pues, felizmente.

(Dirigiéndome al público.)

MAESTRO. Por lo menos se ha visto bien que las mujeres tienen fama de saber hablar.

RAULET. Sí, desde luego. De eso doy fe. Por lo menos se ha visto cómo hablan.

MAESTRO. Bastante a la ligera a veces, para no ocultar nada.

R. Machue. Por lo menos se ha visto bien que las mujeres tienen fama de saber hablar.

Mimín. *(Dirigiéndose al público.)* Ya basta. Tenemos que separarnos. Cantemos alto en la feliz despedida. Y adiós. ¡Boga galera!

BIBLIOGRAFÍA

Esta farsa lleva el número 44 en la colección del British Museum.
El texto original debió ser escrito a finales del siglo xv y fue editado
por Nicolas Chrestien un siglo más tarde.

EDICIONES

COLLECTIF, *Ancien théâtre françois*, París, P. Jannet, 1854-1857.

DELEPIERRE, Octave, *Maistre Mimin étudiant*, Gand, El Eriarbil, 1849.

FOURNIER, Edouard, *Le théâtre français avant la Renaissance*, París, Laplace, Sanchez et Cie., 1872, págs. 314-321.

HANKISS, Jean, *Farces*, Estrasburgo, J. H. E. Heitz, 1924, págs. 28-42.

PAUL, Jules, *La farce de Maître Mimin*, Château-Gonthier, René Leclerc, 1935.

PHILIPOT, Emmanuel, *Recherches sur l'ancien théâtre français. Trois farces du recueil de Londres*, Rennes, 1931, y Ginebra, Slatkine, 1975, páginas 61-101 y 141-163.

TISSIER, André, *La Farce en France de 1450 à 1550*, París, CDU/SEDES, 1976.

TRADUCCIONES Y ADAPTACIONES

GASSIES DES BRULIES, G., *Anthologie du théâtre au Moyen Age. Théâtre comique*, París, Delagrave, 1926.

ESTUDIOS

BECK, Jonathan, «Dissimilation consonantique et le pseudolatin "esse paly" dans Maistre Mimin estudiant», *Zeitschrift für romanische Philologie*, H. 1/2, 1980, págs. 108-116.

COHEN, GUSTAVE, «Les grand farceurs du XVe siècle», *Convivium*, XXIII, 1955, págs. 16-28.

GARAPON, R., *La fantasie verbale et le comique dans le théâtre français du Moyen Age à la fin du XVIIe siècle*, París, A Colin, 1957.

LEROUX, NORMAN, «La farce du Moyen Age», *Études françaises*, abril de 1979, págs. 87-107.

EL PASTEL Y LA TARTA

EL PASTEL Y LA TARTA[1]

PERSONAJES:

DOS PÍCAROS, EL PASTELERO Y SU MUJER

PÍCARO 1. ¡Brrr!

PÍCARO 2. ¿Qué te pasa?

PÍCARO 1. Que estoy temblando de frío. No tengo ni camisa ni chaleco.

PÍCARO 2. ¡Por San Juan bendito! ¡Buena pareja formamos! ¡Brrr!

PÍCARO 1. Y a ti, ¿qué te pasa?

PÍCARO 2. Que estoy temblando de frío.

PÍCARO 1. ¡Pobres mendigos! Me parece a mí que hoy no tendremos muy buen día. ¡Brrr!

PÍCARO 2. ¿Qué tienes?

PÍCARO 1. Tanto frío que estoy temblando. No tengo ni camisa ni chaleco. Te juro que estoy bien rapado.

PÍCARO 2. Pues, ¿y yo?

PÍCARO 1. Pero yo más porque tengo más hambre que un lobo y no tengo ni una perra.

PÍCARO 2. ¿No podríamos encontrar algún sistema para conseguir algo que comer?

PÍCARO 1. Pues, sin romperse la cabeza, tendremos que pedir de puerta en puerta.

---

[1] El título original es *Farce nouvelle du PATE ET DE LA TARTE à quatre personnages: c'est assavoir: deux coquins, le paticier et la femme.*

Pícaro 2. Bueno, pero ¿iremos a medias?

Pícaro 1. Sí, si quieres. Cada uno recibirá la mitad de la carne, el pan, la mantequilla y los huevos. ¿De acuerdo?

Pícaro 2. De acuerdo, amigo. No hay más que echar manos a la obra.

(En el interior de la pastelería.)

Pastelero. ¡Marión!

Mujer. ¿Qué deseáis, Gautier?

Pastelero. Voy a almorzar fuera. Aquí os dejo este pastel de anguilas que quiero que me enviéis si os lo mando a pedir.

Mujer. Estad seguro de que haré lo que mandéis.

(Acercándose a la pastelería los dos pícaros.)

Pícaro 1. Empecemos por aquí. Aquí hay trabajo.

Pícaro 2. Para este asunto basta uno solo. Yo me voy. Mira a ver si puedes conseguir algo de ahí.

Pícaro 1. De acuerdo, voy a ver. *(Dirigiéndose a la* Mujer.*)* Por San Arnould, San Antonio y San Maclou, dadme por caridad una limosna.

Mujer. Amigo mío, no hay nadie en este momento que pueda darte algo. Vuelve otro día.

(Regresa el Pastelero.*)*

Pastelero. Volviendo al pastel, no se lo entregues a nadie si no hace la contraseña convenida.

Mujer. Me apenaría no daros gusto. Así que mandadme un recadero seguro o no se lo daré a nadie.

Pastelero. Muy bien. Como contraseña os deberá coger por un dedo. ¿Me habéis comprendido?

Mujer. Sí.

(El Pícaro 1 *que está aún cerca de la pastelería.)*

Pícaro 1. He oído la contraseña. La he comprendido perfectamente. *(Vuelve hacia la tienda.)* Por caridad, buena mujer, ¿no os apiadaréis de mí? Hace dos días y medio que no he probado el pan.

Mujer. Que Dios os ampare.

Pícaro 1. *(Maldiciéndola.)* Que la gota de San Maur y el mal de

San Ghislain caigan de lleno sobre vos, como sobre los rabiosos[2].

Pícaro 2. *(Que regresa.)* Mi estómago desfallece y mi compañero no aparece... Me encontraría muy mal si no compartiera conmigo lo que haya conseguido. ¡Ah! ¡Ahí llega! ¿Cómo te ha ido?

Pícaro 1. Estoy desesperado. Te juro que no he logrado nada. ¿Y tú? ¿Qué has conseguido?

Pícaro 2. Te juro por San Cosme y San Damián que no he encontrado hoy a nadie que me diera un ochavo[3].

Pícaro 1. ¡Por San Juan bendito! Con lo conseguido no haremos hoy un gran banquete...

Pícaro 2. ¿No sabrías encontrar el medio o la argucia que nos permita comer hoy?

Pícaro 1. Sí, si quieres ir donde yo te diga.

Pícaro 2. Amigo mío, ¿adónde?

Pícaro 1. A casa del pastelero, allí enfrente y pide un pastel de anguilas. Sé desenvuelto, ¿te enteras?, como debe ser. Coges a la mujer por un dedo y dices: «Vuestro esposo me ha dicho que me deis, sin oponeros, ese pastel de anguilas.» ¿Te has enterado?

Pícaro 2. Pero y si él hubiera vuelto, ¿qué diré para salvar mi honor?

Pícaro 1. No está ahí, te lo garantizo; no ha hecho nada más que salir.

Pícaro 2. Lo haré entonces ahora mismo. Me voy.

Pícaro 1. Date prisa, testarudo.

Pícaro 2. ¡Demonios!, es que temo que me apalee si está ahí. ¿Me entiendes?

Pícaro 1. El que no se arriesga no cruza el río.

Pícaro 2. Tienes razón, voy ahora mismo.

---

[2] San Mauro era invocado para curar de la enfermedad de la gota y San Ghislain para curar de la epilepsia. Probablemente por esta última enfermedad y sus convulsiones, el texto habla de rabiosos, no porque hubieran contraído ningún tipo de rabia.

[3] Un *nicquet* era una moneda que había estado en curso legal durante el reinado de Carlos VI, equivalente a un denario y medio, pero ya no tenía más significación que la de algo de escaso valor.

(Entra en la tienda.)

PÍCARO 2. Señora, tenga la bondad de darme ese pastel de anguilas para su marido. ¿Me oye?

MUJER. Amigo mío, ¿cuál es la contraseña?

PÍCARO 2. Me ha dicho que os agarre por un dedo, como prueba, que vos no os opondréis. ¡Venga la mano!

MUJER. Esa es la contraseña que deben darme, así que llevádselo. Aquí está.

PÍCARO 2. Por el día que nos alumbra, voy a llevárselo sin demora. *(Alejándose.)* Bien puedo presumir de ser un maestro consumado. *(Acercándose a su compañero.)* ¡Lo conseguí, lo conseguí! Lo he logrado. ¡Míralo!

PÍCARO 1. ¿Tienes lo necesario?

PÍCARO 2. ¿Que si lo tengo? ¡Pues claro! ¿Qué te parece?

PÍCARO 1. Eres un maestro. Con esto tendríamos para hartarnos aunque fuéramos tres. *(Se van a comer.)*

(El PASTELERO *solo en un cruce de calles.)*

PASTELERO. ¡Por esa cruz bendita! Me estoy dando cuenta de que esta gente se ha burlado de mí; tonto seré si me entretengo más en esperarlos. ¡Por San Juan!, me voy a mi casa a comerme el pastel con mi mujer, pues sería absurdo dejar que se mofaran de mí así.

PASTELERO. ¡Esposa!, ya estoy de vuelta.

MUJER. ¡San Remigio! ¿Y ya habéis almorzado?

PASTELERO. Pues no, pero estoy indignado. ¡Que se vayan al diablo!

MUJER. ¿Y qué te ha movido entonces, bendito, a mandar a por el pastel?

PASTELERO. ¿Cómo a por el pastel?

MUJER. ¡Miradle bien cómo se hace el sorprendido!

PASTELERO. ¿Qué? ¿Sorprendido? Aclaraos, ¿es que se lo habéis dado a alguien?

MUJER. Sí. Ha venido un joven que me ha cogido por el dedo y me ha dicho que le diera sin tardar el pastel. ¡Demonios!

PASTELERO. ¿Cómo? ¿Dar? ¡Voto al diablo! ¿Entonces ha desaparecido mi pastel?

Mujer. ¡Por San Juan bendito!, vos lo habéis mandado a buscar con la contraseña acordada.

Pastelero. Estáis mintiendo, estoy seguro. Decidme ahora mismo lo que habéis hecho de él.

Mujer. ¡Qué pesado sois! Se lo entregué al recadero que vino hace poco.

Pastelero. ¡Estoy harto ya! ¿Tendré que agarrar un bastón? Te lo has comido ¿no?

Mujer. ¡Cuánta palabrería! Se lo he dado al recadero.

Pastelero. ¡Vos pagaréis las consecuencias! ¿Me tomáis por un borrego? ¡Te lo has comido!

Mujer. ¡Estoy harta ya!

Pastelero. ¡Ya está bién! ¿Tendré que agarrar un bastón? Os daré con él encima del mentón. ¡Venga!, ¡decid la verdad! ¿Qué habéis hecho con el pastel?

Mujer. ¡Asesino! ¿Quieres matarme, miserable, truhán y tonto, tres veces tonto?

Pastelero. ¿Qué habéis hecho con el pastel? Os voy a dar leña. ¿Os lo habéis comido sin contar conmigo? ¿Qué habéis hecho con el pastel?

Mujer. ¡Asesino! ¿Me quieres matar? Te aseguro que han venido a por él como estaba convenido y yo lo he entregado como me habíais dicho.

Pastelero. ¡San Nicolás bendito! Con esto es suficiente para ponerse a rabiar. Tengo hambre y no tengo qué comer. ¡Estoy furioso!

(Los dos Pícaros terminando de comer.)

Pícaro 1. ¿Qué dices?

Pícaro 2. Que el pastel estaba suculento. Si estuvieras dispuesto a colaborar conseguiríamos también, a fe mía, una hermosa tarta que he visto allí.

Pícaro 1. ¡Ah! ¡Por Santa Agata!, ve, pues, como es debido y coge a la mujer por el dedo. Dile luego que su esposo te envía de nuevo.

Pícaro 2. No me hables de esta locura, porque yo no estoy dispuesto a ir. Yo he cumplido mi cometido antes que tú, ahora te toca a ti.

[119]

PÍCARO 1. Bueno, pues ¡vamos allá! Me voy, pues. Pero guárdame mi parte de lo que queda del pastel.

PÍCARO 2. ¡Por la cuerda de la horca!, ten por seguro que cumpliré todo lo que hemos acordado, ¿me oyes, amigo mío? Aquí no tocará nadie hasta que tú no estés de vuelta, te lo juro por mi fe.

PÍCARO 1. ¡Qué bueno eres! Me voy. Espérame aquí.

(En casa del PASTELERO.)

MUJER. ¡Ay, mis costillas! Maldito sea el dichoso pastel.

PASTELERO. Os he hecho sentir las costillas, pero ahora ¡tengamos paz! Voy ahí detrás a partir la leña.

MUJER. Marcharos fuera, rápido.

PÍCARO 1. *(Entrando.)* Señora, dadme la tarta que vuestro esposo ha dejado aquí. Está muy enfadado porque no me llevé la tarta a la vez que el pastel.

MUJER. Llegáis a punto. Entrad ahí, por favor.

(Sale a avisar a su esposo que entra gritando.)

PASTELERO. ¡Ah granuja!, ¿sois vos? Os juro por San Juan que seréis bien arrullado. ¿Qué habéis hecho con el pastel que habéis venido a buscar?

PÍCARO 1. ¡Ay! ¡Yo no he estado aquí antes!

PASTELERO. ¿Qué habéis hecho con mi pastel? Os voy a calentar de verdad.

PÍCARO 1. ¡Ay! ¡pobre de mí! ¿Me queréis matar aquí?

PASTELERO. ¿Qué habéis hecho con el pastel que habéis venido a buscar?

PÍCARO 1. Os lo diré sin mentir, si dejáis de pegarme.

PASTELERO. Bien, pues dilo pronto, gracioso, o te mato.

PÍCARO 1. Os juro que os lo diré. Hace un rato vine a pedir limosna, pero la verdad es que nadie me dio nada. Oí la contraseña del pastel que os debía ser enviado: había que agarrar a vuestra mujer por el dedo. Y yo, amigo mío, que tengo más hambre que un lobo hambriento, me fui a buscar a mi compañero que pesa menos que un halcón. Nosotros nos hemos prometido estar juntos siempre en fe y en lealtad. Escuchadme bien: todo cuanto ganamos lo compartimos justamente. Le dije, pues, la contraseña del dedo. Vino

[120]

aquí, lo que mucho me pesa. Y cuando estábamos comiendo, el diablo le ha hecho pensar en que había aquí una tarta. Y yo vine a por ella. ¡Bastante insensato fue por mi parte venir a buscarla!

PASTELERO. ¡Voto al diablo! Te mataré si no me prometes que tu compañero vendrá también a buscarla. Puesto que lo compartís todo, es de justicia que él reciba lo suyo lo mismo que tú.

PÍCARO 1. Os lo prometo, amigo mío. Pero os ruego que, para hacer justicia, le peguéis fuerte a él también.

PASTELERO. Vete, pues, y ponle buena cara.

PÍCARO 1. ¡Por Santa Catalina, que él tendrá también lo suyo!

(En la calle se encuentran los dos PÍCAROS.)

PÍCARO 2. ¡Cómo! ¿No traes nada?

PÍCARO 1. ¡Oh! Ella me ha dicho, sin mucha conversación, que le envíe al recadero que fue a buscar el pastel y que se la dará sin falta.

PÍCARO 2. Voy entonces sin más tardar. ¡Dios bendito! ¡Qué buena debe estar! Ve metiéndote esto en la cabeza.

(Llega a la tienda.)

PÍCARO 2. ¡Eh!

MUJER. ¿Quién está ahí?

PÍCARO 2. Oíd, joven señora. Dadme inmediatamente esa tarta para vuestro esposo.

MUJER. ¡Ah! ¡Santa Agata! Entrad por aquí.

(El PASTELERO lo atrapa.)

PASTELERO. ¡Ah! traidor, ladrón. Te colgarán con un lazo redondo. Os voy a dar cien bastonazos. Tomad, esto por nuestro pastel.

PÍCARO 2. Os pido perdón, por Dios.

MUJER. Recibiréis cien bastonazos. ¿Os palpáis bien los huesos? Por vuestra culpa me han calentado a mí.

PASTELERO. Os voy a dar cien bastonazos. Tomad, esto por nuestro pastel.

PÍCARO 2. ¡Ay!, tened piedad de mí. Os juro que no volverá a ocurrir. Me vais a dejar señalado para siempre. ¡Ay! ¡Ay! ¡Estoy medio muerto!

MUJER. Dadle fuerte, Gautier; se va a acordar toda la vida del pastel.

PASTELERO. ¡Vete y que te abran la panza y las tripas con una daga!

(Los dos PÍCAROS juntos.)

PÍCARO 2. ¡Falso, traidor, desleal, me has enviado para que me mataran!

PÍCARO 1. ¿No debías compartir conmigo el bien y el mal? ¡Eh! ¿Qué me dices, bergante? A mí me han dado siete veces más que a ti.

PÍCARO 2. ¡Demonios! Si me lo hubieras dicho, no se me hubiera ocurrido ir jamás. ¡Ay!, estoy molido.

PÍCARO 1. ¿No sabes bien que un compañero no es listo si no engaña a su compañero?

PÍCARO 2. Bueno, ya está bien. Dejemos este asunto. Comámonos el pastel sin la tarta y llenémonos el gaznate.

(Al público.)

PÍCARO 2. Somos receptores de palos, estad seguros de ello.

PÍCARO 1. Lo somos, pero guardémonos de presumir de ello en ninguna parte, ni arriba ni abajo. Y apreciad nuestras diversiones.

BIBLIOGRAFÍA

Esta farsa se contiene en la colección del British Museum y fue editada por Nicolas Chrestien en París hacia 1550. Por los rasgos dialectales que presenta, se le adjudica un origen picardo.

EDICIONES

BOWEN, Barbara, *Four farces,* Oxford, 1967, págs. 37-52.
COLLECTIF, *Ancien théâtre françois,* Ginebra, Slatkine, 1973; tomo II, 1854, págs. 64-79.
TISSIER, André, *La Farce en France de 1450 à 1550.* París, CDU/SEDES, 1976.

TRADUCCIONES Y ADAPTACIONES

DONGO, Mathurin, *Pathelin et autres pièces,* Boston, 1924.
DUPUIS, Eudoxie, *Le Pâté et la tarte,* París, Delagrave, 1898.
FAREMONT, Henri. *La farce du pâté et de la tarte,* París, L. Billadot, 1927.
GASSIES DES BRULIES, G., *Anthologie du théâtre français du Moyen Age. Théâtre comique,* París, Delagrave, 1925.
KLEIN, Abbé Félix, *Sept comédies du Moyen Age,* París, Spes, 1927.
MARKOVITH, Marylie, *Pièces jouées et à dire pour les jeunes filles,* París, Cornély, 1906, págs. 151-169.
OUDON, Noël, *La farce du pâté et de la tarte,* Senlis, 1931.
PANNIER, Léopold, *Le pâté et la tarte, farce du XVe siècle,* Saint-Prix, 1875.
RICHARD, Michel y R. BURGNIARD, *Farce du pâté et de la tarte,* Lyon, La Hutte, 1944-45.
ROBERT-BUSQUET, L., *Farces du Moyen Age,* París, F. Lanore, 1973, págs. 117-123 (1.ª ed. 1942.)

EL ZAPATERO CALBAIN

EL ZAPATERO CALBAIN[1]

Personajes:

Calbain, su mujer y el galán.

Mujer. *(Comienza.)* Tonta hay que considerar a la mujer que toma esposo sin conocerlo y que se enamora de un criado tan ingenuamente que le hace dueño de su casa. Si yo viviera con un cura, tendría todo lo necesario e iría mejor vestida. Mi marido sólo me sacia de canciones, ¿no es cruel mi suerte? Cuando le pido un vestido se diría que le robo. No tengo el más pobre corpiño. Nadie puede imaginar la discordia que entre nosotros reina. Su único placer consiste en cantar. ¡Qué tristeza!, no me atrevería a ir a ningún sitio con mis vecinas. Las canciones que viene a cantarme me parecen una auténtica farsa. No sé qué hacer. Soy una desgraciada. ¡Ay! No me contenté con un pobre y buen trabajador del oficio: no había otro mejor para hacer un zapato, puedo asegurároslo. Pero ahora no cesa de cantar y no responde ni a Perico ni a Colin.

Calbain. *(Cantando.)*

    Al volver del molino
    La turelura
    Al volver del molino

---

[1] El título completo en francés es *Farce nouvelle d'ung SAVATIER NOMME CALBAIN fort joyeuse, lequel se maria à une savetiere à troys personnages, c'est assavoir: Calbain, la femme et le galland.*

La otra mañana
Até al asno al cercado
        Miré por la cerradura,
La turelura
        Miré por la cerradura
La otra mañana[2].

(*Aparte.*) Me gustaría aprender a hablar en latín para poder maldecir a mi mujer. Pues cuando entona su perorata[3] hay que hacerle callar.

MUJER. ¡Calbain!

CALBAIN. ¿Qué?

MUJER. ¡Eh! ¡Oye, Calbain!

CALBAIN. ¡Pardiez! No sé muy bien lo que me ocurre. Me vuelvo loco si no canto. (*Cantando.*)
        Os digo adiós, burguesas de Nantes.
        Vuestras doncellas contentas están de vos.
        Esto guisantes; esto son habas.
        Esto guisantes y esto también[4].

MUJER. Calbain, amigo mío, ¡habladme!

CALBAIN. (*Cantando.*) Hermoso mes de mayo ¿cuándo volverás?

MUJER. ¡Oye, Calbain! ¡Eh! ¿Hablarás de una vez?

CALBAIN. (*Continua cantando.*) ¡Qué hermosa sois gentil damisela!

MUJER. ¡Desventurado! ¡Si soy tu mujer, Colette!

CALBAIN. ¡Dios bendito! ¡Qué exaltada estáis! ¿De dónde venís?

MUJER. De la calle, de ver a mi comadre Jacquette, la que lleva un vestido precioso y se lo pone a diario.

---

² Modificamos la rima «turelure / serrurre» y traducimos «turelura / cerradura».

³ Verso 38: «quant vient à sa game»: cuando empieza su perorata. El término *game*, gama, entra en la estructura de expresiones como «chanter à quelqu'un sa gamme», cantarle a uno las cuarenta. Aquí puede tener esta significación, pero la presencia del verbo *rabesser*, bajar, en el verso siguiente puede indicar una segunda significación, la contenida en la expresión «Crier à la haute gamme», que equivale a gritar muy alto. Las dos son válidas en esta ocasión.

⁴ Para evitar la repetición «Sà, des poys; sà des poys» hemos traducido: «Esto guisantes, esto también.»

CALBAIN. ¿Tiene los puños de terciopelo, de raso o de tafetán?
MUJER. Sí, y va abierto por abajo, lo que le sienta muy bien.
CALBAIN. ¿De qué es?[5].
MUJER. De tela gris, y la piel de jineta.
CALBAIN. (Cantando.)

> Confortadme, dulce y bella morenita.
> Confortadme,
> Confortadme de mis tormentos.
> Enamorado me tiene vuestra belleza,
> Confortadme.

MUJER. Habladme, amigo mío y dejad vuestras canciones.
CALBAIN. ¡Poned el mantel de una vez!, que me muero de hambre, ¡pardiez!
MUJER. ¿Tendré mañana un vestido hecho a la moda?
CALBAIN. (Cantando.)

> Están en Saint-Jean-des-Choux[6],
> Los gen, los gen, los gendarmes.
> Están en Saint-Jean-des-Choux,
> Los gendarmes del Poitou.

MUJER. Yo creo que este hombre está loco. Compradme un vestido, ya es razón.
CALBAIN. (Cantando.)

> Endure, en destringue en noz maison,
> En destringole Marion[7].

MUJER. ¡Vamos!, no tardemos más en ir a comprarme un vestido, amigo mío. Que yo rogaré a Dios por vos.
CALBAIN. Mi jubón también está roto y mi traje. ¡Que la fiebre te corroa!
MUJER. ¡Mira un poco el mío!

---

[5] André Tissier entiende que el adorno o abertura del vestido de que habla la mujer debe tratarse de un entredós. Personalmente descartamos un poco esta idea en función de la respuesta de la mujer que es más adecuada para el vestido que para el entredós.
[6] Puede tratarse de Saint-Jean-des-Choux, cerca de Saverne, en la región de Alsacia.
[7] Frases sin sentido, que dejamos en su forma original.

CALBAIN. *(Cantando.)*

> Pastorcilla saboyana,
> Que guardáis los corderos en el campo.
> ¿No queréis ser mía?
> Yo os daré unos zapatos;
> Y un bonito capuchón.

MUJER. Amigo mío, yo no os pido sino un lindo y sencillo vestidito...

CALBAIN. *(Cantando.)*

> Amor mío, amiguita,
> Con frecuencia te añoro.
> ¡Eh! ¡Por San Gris bendito![8]

MUJER. Me gustaría, amigo mío, que fuera de petigrís, y si no, como a vos os guste.

CALBAIN. *(Cantando.)*

> Et tout toureloura,
> La lire lire[9].

MUJER. ¡Ay de mí! No tengo ganas de reír. Soy una pobre abandonada.

CALBAIN. *(Cantando.)*

> Ese es el refrán de la mal maridada.
> Todas las noches lo recuerdo.

MUJER. Por mi fe, amigo mío, estoy dispuesta a realizar todo cuanto me mandéis, pero a cambio dadme un vestido gris o blanco.

CALBAIN. *(Cantando.)*

> Viva Francia y su alianza.
> Viva Francia, viva el Rey.

MUJER. ¡Ay de mí!

---

[8] San Gris es una alusión a San Francisco de Asís, denominado de este modo por el color del hábito que llevaba.

[9] Frase sin sentido.

CALBAIN. *(Continúa cantando.)*

> ¡Puaf! ¡Os habéis peído!
> ¡Santo Dios! ¡Qué mal huele!

MUJER. Os aseguro, por la Virgen Santa, que rechacé preten-
dientes mucho más valiosos que los que se ven por nuestras
calles.

CALBAIN. A fe mía, todo es al revés de como lo decís, amiga.

MUJER. ¡Ay, Dios, verdadero, cómo me irrita!

CALBAIN. *(Cantando.)*

> Por mi vida, dulce amiga,
> De vos no tengo consuelo.

MUJER. ¡Ay, Dios bendito!, ¡qué duro sois para dar cualquier
cosa, ni por amor, ni por ruegos!

CALBAIN. *(Cantando.)*

> Golpea delante y golpea detrás,
> Golpea delante, golpea detrás.

MUJER. Amigo mío, no cantéis más, hablad; y os aseguro que
tendréis al instante algo de beber.

CALBAIN. *(Se va cantando.)*

> ¡Paz, paz! Yo me voy a la feria
> A comprar cuero de vaca, por mi alma.
> Mi mujer sin cesar irrita
> A su infeliz esposo Calbain.
> Pero no le doy ni un ochavo,
> Nada de nada, ni una cebolla.

(Entra el GALÁN.)

GALÁN. Pues, ¿qué se dice?, ¿qué se hace? Algo que valga, algo
que no valga una perra y, por mi alma, algo que no vale ni
un comino. Si se pregunta «¿Qué haces?» se te contestará
«Muchas gracias». Apenas se ha recitado el *benedicite* cuando
ya se está dando gracias. Yo no sabría decir qué es lo que se
debe hacer. Si el amo pide un bastón, el criado le trae paja.
¿Qué se dice y qué se hace? Nada que valga la pena.

MUJER. *(Mirando hacia la puerta por la que ha salido su marido.)*

¡Ya estoy harta de sus triquiñuelas! *(Viendo a su vecino, el Galán.)* Pero de otras cosas aún no estoy harta. ¡Venid,
vecino!

Galán. ¡Pobre de mí! No me atrevo por los calumniadores
que van criticando a los prudentes y no son sino animales.

Mujer. Tenéis razón. Tengo la cabeza rota y vacía de tanto
gritar y echar chispas, para conseguir un vestido. Bastante
desgraciada soy con tener un marido que canta de día y de
noche...

Galán. ¿Tendré que vivir siempre preocupado por vos, mi
leal amiga? ¡Nada de eso! ¡Ya se acabó! Y para decirlo
todo... ¡al diablo las preocupaciones!

Mujer. Os lo ruego, pasad y dadme algún consejo.

Galán. En un caso como éste, estoy presto a hacer lo que
mandéis.

Mujer. Responded a mi ruego y me atendré a lo que digáis.
Primeramente, ved que estoy medio desnuda; mi marido,
podrido por las borracheras, gasta todo mi dinero. Por esa
causa, hombre de valiente corazón, quiero suplicaros que
me defendáis.

Galán. Habéis hablado en buena prosa. Ahora escuchadme a
mí. Comprendo este asunto mejor que vos sabríais explicar-
lo. Vamos a buscarle y, si logro convencerle, volveréis a ir
bien vestida.

Mujer. Os lo agradeceré mucho. Vos sabéis bien argumentar,
pero para convencerle, aduladle más de lo que merece.

Galán. Así lo haré del principio al fin. *(Viendo llegar a Calbain)* ¡Calbain!

Calbain. *(Cantando.)*

> Vengo del mercado de vender mis pollitas
> Mis pollitas y mi lechón, nique, nicón[10].

Mujer. *(Dirigiéndose a Calbain.)* ¡Contestad, pues! ¿Estáis
loco? Este hombre de bien os está hablando...

Calbain. *(Cantando.)*

---

[10] Modificamos la rima «poulettes / nyquettes» y hacemos rimar «lechón /
nicón».

> Yo soy alemana, despierta y gallarda,
> Yo soy alemana, hija de alemán.

GALÁN. Calbain, amigo mío, ¿qué pasa?, ¿estáis loco?, ¿qué os ocurre?

CALBAIN. *(Cantando.)*

> La suela de cuero vale
> Tres sueldos y medio parisinos.

MUJER. Pero... ¡habladle! ¡Eh!, amigo mío: necesita que le arregléis las botas.

CALBAIN. *(Cantando.)*

> Contemplad el mejor cuero de vaca
> Que jamás encontraréis.

MUJER. ¡Está loco! Parece claro que no obtendréis de él otras palabras.

CALBAIN. *(Cantando.)*

> Tres sueldos costarán
> ¡Palabra! ¡Os lo juro!

GALÁN. Pero Calbain, amigo mío, vamos a ver. ¿Es que ya no conocéis a nadie?

CALBAIN. *(Cantando.)*

> Creedme, será muy buena.
> Os lo aseguro, y muy bien cosida.

GALÁN. Vuestra esposa está sin ropa, ¿por qué no le regaláis, por amor, un vestido de buen paño?

CALBAIN. *(Cantando.)*

> Colette, pásame el cabo
> ¡Rápido!, ¡date prisa!

GALÁN. ¡Venga ya, Calbain! ¡Acabemos de una vez! Soy vuestro amigo Thomelin.

CALBAIN. *(Cantando.)*

> ¿Dónde diablos está el zapato?
> ¿Y mi lezna? ¡Ah! Aquí.

[133]

MUJER. A fe mía que aunque estemos aquí hasta mañana no conseguiremos nada más.

GALÁN. *(Aconsejando a la* MUJER.) Escuchad un momento lo que opino. Venid un poco aparte, pues no es muy cuerdo hablar delante de él. ¿Sabéis lo que debéis hacer? Para concluir de una vez con vuestro asunto, iréis de nuevo a su encuentro y, como antes, le pediréis otra vez que os compre un vestido.

CALBAIN. *(Aparte.)* Así es como me libro de ella. Cantando, la tengo bien sujeta.

GALÁN. Poned el mantel, puesto que no cede, y rogadle que comience a almorzar. No le dejéis ayunar mucho tiempo y enseguida, servirle de beber. Y otra vez más. Le echaréis estos polvos hasta que lo veáis borracho y a punto de dormirse. Quitadle el monedero con todo cuanto contenga y después ir a compraros un vestido. Este es, sin más palabras, mi consejo.

MUJER. Vuestras palabras son muy acertadas. Os las agradezco humildemente.

CALBAIN. *(Cantando.)*

> No sé cómo podría,
> en el fondo de mi ser,
> amaros más fuertemente.

MUJER. Sea cual fuere mi deseo, debo seguir el consejo que me han dado. Así, tendré un vestido el martes o el miércoles a lo más tardar. *(Dirigiéndose a* CALBAIN.) Calbain, amigo mío, que Dios os guarde. ¿Qué tal estáis de salud?

CALBAIN. Amiga mía, ya no cantaré más, pero dadme de beber.

MUJER. Voy a hacerlo sin tardanza, tendréis bebida ahora mismo.

CALBAIN. ¿Me daréis algo de beber? ¿De verdad?

MUJER. Sentaos a la mesa y almorzad apaciblemente.

CALBAIN. *(Probando la bebida.)* Os juro que este vino es de buena calidad.

MUJER. Bebed y comed hasta hartaros.

CALBAIN. Dadme, pues, de beber. Está muy bueno. ¡Terrami-

nus minatores, alabastra pillatores! Este vino me está embo-
rrachando, amiga mía. *(Se pone a cantar.)*

Estoy junto a vos, amiga mía.

Cubridme la espalda, por favor, pues, por mi fe, estoy deseando dormir un poco. Cubridme bien.

MUJER. *(Lo cubre y le quita el monedero.)* ¡Que me cuelguen, por
mi fe, si dejo algo en la bolsa! ¡Ah!, ya te tengo, bribona!
¡Tengo escudos! ¡Tengo ducados! Vamos, pues, a comprar
ahora mismo paño para hacerme un vestido. *(Dirigiéndose al
marido que duerme.)* ¡Diablos! Justo es que os robe cuando
tan bien os he regado de vino. *(Se va.)*

CALBAIN. *(Despertándose.)* ¡Ah! Estoy completamente aturdido[11], y mi cabeza totalmente atolondrada. Va a ser necesario, ¡pardiez!, que me encolerice. ¡Santo Dios! ¿Qué ha sido
de mi bolsa? ¿Quién me ha robado mi bolsa? *(Llamando a su
MUJER.)* ¡Eh!, amiga mía, reina mía, devolvedme el monedero, os lo ruego.

MUJER. *(Regresando.)* Ya vuelve a su locura. ¡Dios sabe de qué
talante estará!

CALBAIN. Te compraré uno de paño, de verdad y una saya. Me
has quitado el monedero al taparme, ¿no?

MUJER. *(Cantando.)*

Una cinta verde, verde, verde.
Una cinta verde que él me regaló.

CALBAIN. Maldito sea Calbain que no le compró a su mujer un
vestido gris. Si así lo hubiera hecho, ella no habría puesto la
mano en la bolsa para robármela. Para acabar de una vez,
amiga mía, devolvedme la bolsa, amiguita mía.

MUJER. *(Cantando.)*

Cuando recogía violetas.
Allí dejé mis corderos.

CALBAIN. Creo que os estáis burlando. Cesad de una vez los

---

[11] El término *enquenouillé* es sinónimo de *enfenouillé*, que sigue vivo aún en el
dialecto picardo, y de *fatrouillé*, que aparece en el verso siguiente. Los tres signi-
fican aturdido, atolondrado.

cantos. Os ruego que me devolváis la bolsa u os juro, ¡pardiez!, que tendremos pelea.

MUJER. ¿Dónde queréis que me vaya? Jamás supe complaceros. Sólo Dios sabe lo que cuesta entender a un hombre así.

CALBAIN. La habéis cogido aquí, ¡demonios!... Y con la ayuda del diablo, todo hay que decirlo.

MUJER. *(Cantando.)* Me hacéis reír tanto, tanto...

CALBAIN. ¡Diantre! ¡Yo no encuentro nada gracioso! ¿No quieres devolverme mi bolsa? Por San Juan que si me enfado, te haré que la devuelvas.

MUJER. Más vale que penséis en ir a vender vuestros viejos zapatos por la ciudad. Desde luego, si no fuera por la lana que yo hilo de vez en cuando, os moriríais de hambre, mamarracho.

CALBAIN. ¡Ah! ¿No lograré nada?

MUJER. Por más que enfurezcáis, no os diré ni la menor palabra.

CALBAIN. No hay nada peor, ¡pardiez! Ven aquí, tú que te haces la disimulada, ¿no me has quitado el dinero mientras dormía? ¡Mirad como finge! ¿Me vas a contestar, charlatana?

MUJER. *(Cantando.)*

> ¿No habéis visto a la cotorra[12]
> Que han traído los gendarmes?
> La vistieron como a un paje,
> Para cruzar el Delfinado.

CALBAIN. Verdaderamente, ¡voy bien apañado! Os juro por Dios que os calentaré a gusto.

MUJER.

> Maldito sea el perrillo
> Que ladra, ladra, ladra,
> Que ladra y nada ve.

---

[12] En el texto original se lee «A vous point veu la Peronnelle». *Peronnelle*, como gentilicio, designa a una mujer nativa de la ciudad de Peronne. Con minúscula, y como adjetivo sustantivado, significa «cotorra, parlanchina, habladora». Hemos optado por esta segunda acepción por la proximidad con el término *becquerelle*, charlatana, con el que rima, si bien una expresión no excluye a la otra.

CALBAIN. Está visto que tendré que enfadarme. Por todos los demonios, vieja condenada, os van a llover los palos. Sé muy bien que me has quitado la bolsa. Estoy convencido.

MUJER. Si me tocáis haré que os metan. *(Se pone a cantar.)*

En la prisión del castillo
Nique, nique, noque.
En la prisión del castillo
Nique, niquillo[13].

CALBAIN. ¡Por San Juan bendito! ¡Pues sí que estamos listos! Sabes que tengo que comprar zapatos, no me hagas hablar más, devuélveme la bolsa, por favor.

MUJER. ¡Qué pesado sois! Buscad la bolsa en otro lado.

CALBAIN. ¡Que el diablo me ayude! ¡Devolvédmela ahora mismo! ¡Venga! ¡Rápido!

MUJER. Este hombre dice pecados que a cualquier otro dejarían confuso...

CALBAIN. ¡Voy a zarandearte más que al yeso, si no me devuelves ahora mismo mi bolsa!

MUJER. ¡Que Dios me perdone si tengo que enfadarme! ¿Qué diablo es lo que queréis?

CALBAIN. Os la vais a ganar, sin tardanza. ¡Venga! ¡Devolved la bolsa al instante!

MUJER. ¡Asesino! Me has hecho daño, patán, tonto, viejo cornudo.

CALBAIN. Pero, ¿me engañará siempre esta vieja charlatana? Es la hembra más peligrosa que he visto en un año. Pero te juro por mi fe, vieja condenada, que te demostraré que soy el amo. Te gustaría mandarme a paseo, pero no lo lograrás.

MUJER. Por la luz que nos alumbra, que no me acostaré más contigo. Nunca te engañé, de verdad. ¿Crees, pues, que está bonito que me llames ladrona? Hago a Dios voto y promesa de que reniego de ti. *(Hace ademán de irse.)*

CALBAIN. *(La retiene.)* ¡Ah! ¡Calmaos, amiga mía! ¡Haya paz! Reconozco que es culpa mía. Sí, tengo la cabeza demasiado caliente. Soportad mis defectos. Pero sin más rodeos, decidme quién la ha cogido. ¿Vos no la tenéis? Me paro a refle-

---

13 Modificamos la rima «château / niqueau» en «castillo / niquillo».

xionar y no sé donde la habré puesto. La tiene ella; no la tiene. La ha cogido ella; si fuera sí, ella lo sabría, y yo no lo sabría jamás. ¡Que se vaya al diablo la bolsa! Pero, ¿por qué la habrá cogido? No, no la ha cogido; sí, la tiene. No, no la tiene; sí, la tiene. ¿Qué demonios podría hacer para terminar de una vez con este asunto? No lo sé. ¡Que reniegue de Dios si me fío nunca más de una mujer! No crea más que altercados. *(Dirigiéndose al público.)* Y ahora, para concluir: El que engaña resulta engañado. Los engañadores son engañados con engaños. Trompeteando, trompetead al engañado: el hombre es engañado. Adiós engañadores; adiós, señores. Excusad al engañador y a su mujer[14].

---

[14] En las últimas frases se produce un enrevesado juego de palabras entre *tromper*, engañar, y *tromper*, trompetear, trompar.

BIBLIOGRAFÍA

Esta farsa pertenece a la colección del British Museum (Reprd. Ginebra, Slatkine, 1970). La primera edición conocida es de Lyon, 1548.

EDICIONES

COLLECTIFF, *Ancien théâtre françois*, París, P. Jannet, 1854-57.
FOURNIER, Edouard, *Le Théâtre français avant la Renaissance (1450-1550)*, París, Laplace, Sanchez et Cie., 1972, págs. 277-283.
TISSIER, André, *La farce en France de 1450 à 1550*, París, CDU/SEDES, 1976, t. I, págs. 143-156.

ADAPTACIONES Y TRADUCCIONES

GASSIES DES BRULIES, G., *Anthologie du théâtre français au Moyen Age. Théâtre comique*, París, Delagrave, 1925.
PICOT, Emile, *Farces*, París, E. Le Roux, 1907.
ROBERT-BUSQUET, L., *Farces du Moyen Age*, París, F. Lanore, 1973 (1.ª ed., 1942).

MAESE PATHELIN

MAESE PATHELIN[1]

PERSONAJES:

> MAISTRE PIERRE PATHELIN: ABOGADO
> GUILLEMETTE: SU MUJER
> GUILLAMME JOCEAULME: EL PAÑERO
> THIBAUT AIGNELET: EL PASTOR
> EL JUEZ.

ESCENA PRIMERA

(En casa de PATHELIN.*)*

PATHELIN. ¡Santa María! Guillemette, por más que me esmero en encontrar pleitos, no conseguimos reunir dinero; y sin embargo, antes vivía de la abogacía.

GUILLEMETTE. ¡Por nuestra Señora! Precisamente estaba pensando en tu oficio de abogado, como vulgarmente se dice, pero ahora no tienes tanto prestigio como antes. Recuerdo la época en que todos querían que los defendieras para ganar su caso; ahora te llaman por doquier «abogado sin pleitos»[2].

---

[1] El título original es *Maistre Pierre Pathelin. Farce du XVᵉ siècle.*

[2] El original: «advocat desssoubz l'orme», que hemos traducido por abogado sin pleitos, es una expresión proverbial que tiene su origen en el hecho de que en muchos pueblos o ciudades pequeñas se administraba justicia debajo de un olmo u otro gran árbol; en la época de San Luis (1226-1270), el mismo rey lo hacía bajo un roble en Vincennes. Así, los abogados en paro iban cerca del árbol a esperarlos.

PATHELIN. No te lo digo por presumir, pero no hay en todo el territorio un hombre más inteligente que yo, excepto el alcalde.

GUILLEMETTE. Claro, es que él estudió gramática y otras ciencias durante mucho tiempo.

PATHELIN. ¿Conoces a alguien a quien yo no pueda ganarle el pleito si me empeño? Y sin embargo, nunca estudié mucho; me atrevo a decir que soy capaz de recitar el misal igual que el cura, como si yo hubiera estado en la escuela tanto tiempo como Carlomagno en España[3].

GUILLEMETTE. ¿Y de qué nos sirve? De nada, pues nos morimos de hambre; nuestras ropas están más raídas que la estameña, y no sabemos cómo podremos conseguir otras. ¿De qué nos vale tu ciencia?

PATHELIN. ¡Cállate! ¡Por mi conciencia, si yo quisiera poner en práctica mi astucia, sabría muy bien dónde encontrar trajes y abrigos! Si Dios quiere, saldremos de ésta y levantaremos cabeza.

¡Ah! La fortuna puede cambiar pronto. Si es necesario que me aplique a encontrar trabajo, no habrá quien me iguale.

GUILLEMETTE. ¡Por Santiago! Si se trata de engañar no habrá ninguno tan hábil como tú.

PATHELIN. ¡Por el Dios que me hizo nacer![4]. Sí, pero en recta abogacía.

GUILLEMETTE. ¡A fe mía, pero con engaño! Me doy cuenta, a decir verdad, de que sin estudios y sin mucho sentido común, eres considerado como una de las cabezas más privilegiadas que hay en toda la parroquia.

PATHELIN. No hay nadie que tenga más conocimientos que yo de abogacía.

GUILLEMETTE. ¡Dios me asista!, ¡pero con engaño! Por lo menos esa reputación tienes.

---

[3] Como Carlomagno en España («Charles en Espaigne»); alusión al segundo verso de la *Chanson de Roland:* «Set ans tuz pleins ad estet en Espaigne», años que se repetirán en las *laisses* CLXXXIX y CXCVI de la obra citada, aunque se trata sólo de ficción, ya que, como es sabido, Carlomagno no estuvo nada más que tres meses de expedición en España y no siete años.

[4] «Par celluy Dieu qui me fist naistre»: Expresión muy empleada en los cantares de gesta, motivo por el cual hemos respetado la traducción literal.

PATHELIN. La reputación es de aquellos que van vestidos de camelote y gamuza y dicen ser abogados[5], aunque no lo sean en absoluto. Dejemos esta conversación, que quiero ir a la feria[6].

GUILLEMETTE. ¿A la feria?

PATHELIN. ¡Por San Juan, sí! *(Canturrea)* «A la feria gentil vendedora...» ¿Te disgusta si compro paño o cualquier otro objeto que sea bueno para la casa? No tenemos ropa decente.

GUILLEMETTE. Si no tienes ni un denario, ni siquiera medio, ¿qué vas a hacer en la feria?

PATHELIN. ¡Eso no lo sabéis, hermosa dama...! Si cuando yo vuelva de la feria no tienes paño de sobra para los dos, entonces podrás reñirme todo lo que quieras. ¿Qué color te gusta más?, ¿gris?, ¿verde?, ¿paño de Bruselas?, ¿o cualquier otro?, necesito saberlo.

GUILLEMETTE. El que puedas conseguir. Quien pide prestado no elige.

PATHELIN. *(Contando con los dedos.)* Para ti: dos alnas y media[7], y para mí: tres, o más bien cuatro; que suman...

GUILLEMETTE. Cuentas sin escatimar, ¿quién diablos te las prestará?

PATHELIN. ¿Qué te importa quién sea? Me las prestarán, sin duda, para devolver el día del juicio final[8], porque antes no será.

---

[5] «Camelos et camocas»: En el primero, la forma española «camelote» es un galicismo del francés antiguo; era un tejido fuerte e impermeable que se hacía en un principio con pelo de camello y posteriormente con el de cabra —procedentes éstas de Asia Menor o de Cachemira— mezclados con lana de cordero y, más recientemente, con lanas de cualquier tipo. Constituía, sin ningún género de dudas, un tejido raro y apreciado. El vocablo «camocas» se refería al tejido obtenido a partir de los pelos de la gamuza y también a la piel curtida del animal del mismo nombre. Las ropas de los duques y de los obispos estaban hechas de «camocas».

[6] «Je vueil aler a la foire»: En el siglo XV, el comercio se hacía en tenderetes expuestos en la feria y no en tiendas.

[7] *Ana* o *Alna,* aunque de género femenino, como todos los sustantivos que comienzan por *a* tónica, lleva como artículo *el* por razones de fonética: el agua, el alma, etc. Era una medida de cuatro pies de longitud, es decir, un metro y veinte centímetros.

[8] Nótese la ironía que encierra la frase «a rendre au jour du jugement»; evidentemente, el autor hace referencia al juicio final, pero podría aludir, indirectamente, a la escena del juicio, núcleo de la obra.

GUILLEMETTE. ¡Antes!, amigo mío: en ese momento, el que sea ya estará enterrado.

PATHELIN. Compraré gris o verde[9], y para una camisa, Guillemette, necesito tres cuartos de brunete o una alna.

GUILLEMETTE. ¡Dios me valga!, ¡ve!, y no olvides beber, si encuentras a alguien que te invite[10].

PATHELIN. Cuida de todo. *(Se marcha)*.

GUILLEMETTE. ¡Ay Dios!, ¡qué comprador!... ¡Quiera Dios que no vea nada!

ESCENA SEGUNDA

(Ante el mostrador del PAÑERO.*)*

PATHELIN. ¿Es aquí? No estoy seguro. ¡Ah sí!, ¡Virgen Santa! Ahora también vende paño. *(Saludando al* PAÑERO.*)* ¡Dios esté en esta casa![11].

PAÑERO. ¡Que él os dé alegría!

PATHELIN. Bien sabe Dios que tenía unas ganas enormes de veros. ¿Cómo va la salud? ¿Estáis sano y fuerte, Guillaume?

PAÑERO. Sí, gracias a Dios.

PATHELIN. ¡Venga esa mano! ¿Qué tal os va?

PAÑERO. Muy bien, para serviros. ¿Y vos?

PATHELIN. Por San Pedro, como el que está enteramente a vuestro servicio. ¿Vivís contento?

PAÑERO. ¡Pues sí! Pero ya sabéis que los comerciantes no están nunca satisfechos.

PATHELIN. ¿Que tal la venta? ¿Da para comer y vestir?

---

[9] «Gris ou vert»: Los dos términos son citados como tejidos y no con valor de colores, aunque naturalmente ésos fueran los suyos; eran telas difícilmente identificables. Sobre este punto, es interesante consultar el capítulo dedicado a las telas y prendas de vestir, del libro del profesor Cortés Vázquez, *El episodio de Pigmalión del «Roman de la Rose»* (Salamanca, Ediciones U. de S., 1980).

[10] No olvides beber, si encuentras a alguien que te invite. En el original: «n'ombliez pas a boire, se vous trouvez Martin Garant». Es un personaje imaginario, como otros que aparecen en la obra. Podemos suponer que era un personaje legendario que invitaba a todos a beber.

[11] «Dieu y soit!» Sería igualmente factible la traducción: «Dios os guarde.»

PAÑERO. ¡Ay! ¡Dios me asista, señor abogado!, no sé; en fin, «¡vamos tirando!»

PATHELIN. ¡Ah!, qué hombre más listo era vuestro padre (que Dios tenga en su gloria). ¡Dulce Madre de Dios! Soy de la opinión que os parecéis mucho a él. ¡Qué buen comerciante y qué prudente era! ¡Sois su vivo retrato![12]. Dios, que es misericordioso con todas sus criaturas, tenga piedad de su alma.

PAÑERO. ¡Amén! Y que por su gran bondad obre lo mismo con nosotros en el momento necesario.

PATHELIN. A fe mía, que ya me advirtió vuestro padre, y muchas veces, lo que llegaríamos a ver en los tiempos actuales; con frecuencia me he acordado de sus palabras. Y ya desde entonces era considerado como hombre muy sensato.

PAÑERO. Sentaos, señor: perdonad que no os lo haya dicho antes, pero soy un poco distraído.

PATHELIN. Estoy bien así. ¡Por el Divino Cuerpo!, él tenía...

PAÑERO. ¡Sentaos, por favor!

PATHELIN. Con mucho gusto. *(Se sienta)*. ¡Ah!, me decía «veréis cosas sorprendentes». Os juro que no hay un hijo que se parezca más a su padre, en las orejas, en la nariz, en la boca y en los ojos, que vos. ¡El mismo mentón hendido! ¡Verdaderamente, sois igual a él! Y quien dijera a vuestra madre que no sois un hijo de vuestro padre, tendría ganas de buscar pelea. De verdad que no comprendo cómo la Naturaleza ha podido hacer dos rostros tan parecidos y de rasgos tan idénticos. ¡Qué digo! Es que si os hubiesen estampado a los dos contra la pared, de la misma forma y al mismo tiempo con un solo golpe, no habría diferencia entre vosotros. Señor, y Laurence, vuestra gentil tía, ¿murió?

PAÑERO. No.

PATHELIN. ¡Yo la conocí hermosa, alta, esbelta y graciosa! ¡Por la Santísima Madre de Dios, os parecéis en el cuerpo como si fuerais dos estatuas de nieve!; en esta comarca no hay, en mi opinión, familia que más se parezcan unos a

---

[12] «Comme droitte paincture!»: Hemos elegido el vocablo retrato, aún a riesgo de caer en un anacronismo, ya que refleja fielmente la intención de Pathelin al adular al pañero.

otros; mientras más os miro... Por Dios Padre *(mirando al* PAÑERO *aún más fijamente),* miraos a vos mismo y veréis a vuestro padre, os parecéis como dos gotas de agua, no tengo duda ninguna. ¡Qué joven más valiente era, y qué hombre de bien! Fiaba las mercancías a quien se lo pedía. ¡Dios lo tenga en su gloria! Solíamos reír muchas veces juntos de buena gana. ¡Ya quisiera Dios que el peor de este mundo se le pareciese! Nadie robaría a los demás, como de hecho se hace actualmente. *(Se levanta y toca una pieza de tela.)* ¡Qué bien hecho está este paño! ¡Qué suave, mullido y flexible es!

PAÑERO. Lo he mandado hacer así, con la lana de mis ovejas.

PATHELIN. ¡Ay, ay!, ¡qué buen administrador sois! No negáis vuestro origen; ¡no os cansáis nunca de trabajar!

PAÑERO. ¿Qué queréis? Para poder vivir hay que trabajar y darse malos ratos.

PATHELIN. *(Tocando otra pieza.)* ¿Este es de lana teñida? Es fuerte como cordobán[13].

PAÑERO. Es un paño muy bueno de Rouen, os lo aseguro, y muy bien tejido.

PATHELIN. Verdaderamente me he enamorado del paño, pues no tenía intención de comprarlo cuando vine, ¡por la Pasión de Nuestro Señor! Había apartado ochenta escudos

---

[13] El cordobán *(cordoen),* como su nombre indica, tuvo su origen en la capital del emirato y califato donde los árabes enseñaron a preparar, curtir, teñir y dorar el cuero, volviéndolo tan brillante que «se podían mirar en él como en un espejo». En tiempos de Abderraman II aprendieron los habitantes de Al-Andalus a dormir en lechos de cuero preparado, en lugar de sobre mantas de algodón, así como a comer sobre pequeñas bandejas de cuero. La industria del cuero pasó a Marruecos, sobre todo a Fez, a raíz de la deportación de cinco mil familias, al ser dominada la sublevación del arrabal de Córdoba por Alhaquen I. De su rápida expansión y del aprecio en que se le tenía por toda Europa dan buena muestra la abundancia de noticias literarias y documentales. La fama adquirida por el cordobán favoreció su exportación promoviendo su encarecimiento, por lo que se dictaron reales disposiciones prohibiendo enviarlos fuera de España. De cordobán se hacían zapatos, guantes, sillas de montar, estuches, fundas para vasos y objetos de todo tipo; en el mobiliario, arcas, baúles y cofres constituyen el grupo más numeroso de muebles en los que se utilizó el cordobán, denominándose a este modo de forrar los objetos de mobiliario, «encorado». (Evidentemente, al hablar del cordobán el autor está haciendo referencia al guadamecí o guadameul, puesto que el cordobán sólo es la piel curtida del animal.)

para pagar una renta, pero tengo la impresión de que me dejaré aquí veinte o treinta, pues la clase me gusta tanto que no puedo resistir la tentación.

PAÑERO. ¿Cómo? ¿Escudos?, ¿cómo es posible que aquellos a los que vais a pagar la renta acepten esta moneda?

PATHELIN. Pues sí, me aceptan el tipo de pago que yo quiera. *(Toca una tercera pieza.)* ¿Qué paño es éste? Verdaderamente, mientras más lo miro más me gusta. Necesito tela para una túnica para mí y otra para mi mujer.

PAÑERO. Este paño es muy caro. Si queréis comprarlo, diez o veinte francos se os irán enseguida.

PATHELIN. ¡No me importa lo que cueste, con tal de que sea bueno! Tengo todavía más dinero escondido que no se lo he enseñado a nadie.

PAÑERO. ¡Bendito sea Dios! ¡Por San Pedro, no me desagradaría en absoluto!

PATHELIN. Estoy enamorado de esa pieza, tengo que comprar un trozo.

PAÑERO. Ahora bien, en primer lugar necesito saber cuánto queréis; toda la pieza está a vuestra disposición aunque no tuvierais un céntimo.

PATHELIN. De eso estoy seguro. Muchas gracias.

PAÑERO. ¿Queréis de este azul claro?

PATHELIN. Antes de nada, ¿cuánto me costará la primera alna? Dios será pagado el primero[14]; es justo: aquí hay un denario; no cerremos ningún trato en el que Dios no sea tenido en cuenta.

PAÑERO. Por Dios, habláis como un hombre honrado, y eso me complace. ¿Queréis conocer el precio exacto?

PATHELIN. Sí.

PAÑERO. Cada alna os costará veinticuatro sueldos.

PATHELIN. ¡Qué barbaridad! ¿Veinticuatro sueldos? ¡Virgen Santa!

PAÑERO. Eso es lo que me ha costado, ¡por mi alma! Si lo queréis, tendréis que darme otro tanto.

---

[14] «Dieu sera payé des premiers»: El «denario de Dios» era una moneda de poco valor que se ofrecía a Dios, en sacrificio, al comienzo o a la conclusión de un trato o una venta, que, de este modo, se efectuaba bajo la protección divina.

PATHELIN. ¡Qué demonios!, ¡es demasiado!

PAÑERO. ¡Ah!, ¡no sabéis cuánto ha subido el paño! Este invierno han perecido todos los rebaños a causa de los grandes fríos[15].

PATHELIN. ¡Veinticuatro sueldos! ¡Veinticuatro sueldos!

PAÑERO. Y os aseguro que encontraré quien me pague ese precio. Esperad al sábado y veréis lo que vale. El vellón, que solía ser muy abundante, me costó por Santa Magdalena[16], os lo juro, cuarenta denarios, la misma lana que compraba habitualmente por veinte.

PATHELIN. ¡Por la sangre de Cristo!, no discutamos más, puesto que ese es el precio, lo compro. ¡Venga!, ¡medid!

PAÑERO. ¿Cuánta cantidad necesitáis?

PATHELIN. Es muy fácil de saber. ¿Qué ancho tiene?

PAÑERO. El ancho de Bruselas.

PATHELIN. Tres alnas para mí y, para ella, dos y media, lo que suman seis alnas, ¿no es eso? ¡Ah no! ¡Qué atolondrado soy!

PAÑERO. No falta más que media alna para llegar a las seis justas.

PATHELIN. Me llevaré las seis completas: necesito también hacerme una capucha.

PAÑERO. Cogedla, vamos a medirlas. Así mediremos con exactitud *(miden juntos.):* uno, dos, tres, cuatro, cinco y seis.

PATHELIN. ¡Vientre de San Pedro! Exactamente.

PAÑERO. ¿Lo mido otra vez?

PATHELIN. No, ¡no perdamos el tiempo en tonterías! En el comercio unas veces se gana y otras se pierde. ¿A cuánto asciende todo?

PAÑERO. Lo sabremos enseguida: a veinticuatro sueldos cada alna, las seis suman nueve francos.

PATHELIN. Entonces, vuestra última palabra... ¿Seis escudos en total?

---

[15] «Cest yver par la grant froidure»: El comerciante hace alusión al invierno del año 1464; efectivamente, en la *Chronique du Mont Saint-Michel (S.A.T.F.,* pág. 67), podemos leer: «En l'an mil IIIIᵉ LXIIII, l'iver fut grant, si grant n'avoit passez estoient XXX ans et furent les nnefs (neiges) plus grandes qu'on ne les avoit veues (vues) de mémoire de homme.»

[16] «A la Magdalaine»: La festividad de Santa Magdalena, el 22 de julio, coincidía con la época del esquilado de las ovejas.

PAÑERO. Sí, eso es.

PATHELIN. Muy bien, señor. ¿Queréis fiármelas hasta dentro de poco, cuando vengáis a casa?

(El PAÑERO *frunce el entrecejo.)*

Bueno, fiar no; tendréis el dinero nada más llegar a la puerta de casa, en oro o en moneda.

PAÑERO. ¡Madre de Dios!, eso me obliga a desviarme mucho.

PATHELIN. ¿Cómo? Por San Gilles, siempre que habláis decís la verdad. Muy bien dicho: ¡os desviaríais mucho!, eso es; y no querréis encontrar nunca una ocasión propicia para ir a beber un trago a mi casa; ¡pues esta vez, iréis a beberlo!

PAÑERO. ¡Por Santiago!, no hago otra cosa más que beber. Iré, pero sabed bien que me trae muy mala suerte fiar ya al primer cliente.

PATHELIN. ¿No os basta que yo sea vuestro primer cliente del día, con escudos de oro y no con monedas? Por Dios, y así probaréis el guiso de pato que ha hecho mi mujer.

PAÑERO. *(Para sí.)* Verdaderamente, este hombre me vuelve loco.

(A PATHELIN.*)*

Id delante. Andad. Yo iré después y llevaré el paquete.

PATHELIN. ¡Nada de eso! ¿Qué me va a molestar el peso? Nada en absoluto; lo llevaré bajo el brazo.

PAÑERO. No os preocupéis: más vale que, por vuestro rango, lo lleve yo.

PATHELIN. ¡Mala fiesta me manda Santa Magdalena, si os tomáis esa molestia por mí! Lo dicho: debajo del brazo.

(Mete el paño bajo su ropa.)

¡Esto me hará una hermosa joroba! La compra ha ido bien. Cuando salgáis de casa, ya habremos comido y bebido en abundancia.

PAÑERO. Os ruego que me entreguéis mi dinero en cuanto llegue.

PATHELIN. Así lo haré. ¡Ah! ¡Por Dios!, no os lo daré hasta que hayáis disfrutado de vuestra comida. No me gusta llevar conmigo mucho dinero para pagar. Id, al menos, para probar el vino que yo bebo. Vuestro difunto padre cuando pasaba me gritaba: «¡Compadre!» o «¡Qué dices!» o «¡Qué haces!»; pero vos, los ricos, no departís en absoluto con los pobres.

PAÑERO. ¡Por la sangre de Cristo!, pero si nosotros somos más pobres que vos.

PATHELIN. ¡Sí, sí...! adiós, adiós. Id al lugar convenido y allí beberemos a gusto; lo tengo a gala.

PAÑERO. Así lo haré. Id vos delante, y preparadme el oro.

PATHELIN. *(Marchándose.)* ¿El oro?, por supuesto. ¡Oro!, ¡demonios!, yo no he faltado nunca a mi palabra.

(Para sí.)

¡No te fastidia! ¡Oro! ¡Mira si lo colgaran! ¡Demonios! No me ha vendido al precio que yo quería, sino al suyo; pero le pagaré a mi manera. ¡Que necesita oro!, ¡así le saliera por las orejas! [17]. ¡Quiera Dios que no deje de correr hasta que reciba la cantidad completa! ¡Por San Juan, haría más camino que de aquí a Pamplona! [18].

PAÑERO. *(Para sí.)* Los escudos que me entregue no verán ni el sol ni la luna en todo el año para que no me los roben. No hay buen entendedor que no encuentre mejor vendedor. Este embaucador es bien tonto, cuando ha pagado a veinticuatro sueldos el alna de un paño que no vale ni veinte.

ESCENA TERCERA

(En casa de PATHELIN.*)*

PATHELIN. ¿Tengo o no tengo?

GUILLEMETTE. ¿De qué?

PATHELIN. ¿Qué fue de tu vieja túnica?

GUILLEMETTE. ¿Es necesario que lo diga? ¿Qué quieres hacer con ella?

[17] «Il luy fault or! on le luy fourre!»: Se puede intepretar de dos maneras distintas: *a)* «Fourrer quelque'un aux yeux», es atiborrar al alguien, *b)* «Fourre», era el baño de metal auténtico con que los falsificadores recubrían las monedas falsas.

[18] Citar una ciudad, en este caso Pamplona, era sólo un modo de decir «hasta el otro extremo del mundo».

PATHELIN. ¡Nada! ¡Nada! ¿Tengo? Ya te lo decía yo.

(Descubre el paño.)

¿Es éste el paño que querías?

GUILLEMETTE. ¡Madre de Dios! Por la salvación de mi alma, esto proviene de algún engaño. ¿De dónde nos viene esta fortuna? ¡Ay! ¡Ay!, ¿quién lo pagará?

PATHELIN. ¿Preguntas quién lo pagará? ¡Por San Juan, ya está pagado! El vendedor que me lo ha vendido, amiga mía, no es tonto. ¡Que lo cuelguen por el cuello, si no lo he exprimido bien! El muy malvado, villano y trapero, tiene bien cubiertos los riñones.

GUILLEMETTE. ¿Cuánto cuesta?

PATHELIN. No debo nada; está pagado; no te preocupes.

GUILLEMETTE. Pero si no tenías una perra. ¿Está pagado? ¿Con qué moneda?

PATHELIN. ¡Por la sangre de Cristo! Sí tenía, amiga mía, tenía un parisí[19].

GUILLEMETTE. ¡Muy bonito! Lo has conseguido por medio de una buena garantía o una firma, y luego cuando cumpla el plazo, vendrán, nos detendrán y nos quitarán todo cuanto tenemos.

PATHELIN. ¡Por la sangre de Cristo!, no ha costado en total más que un denario.

GUILLEMETTE. ¡Virgen bendita!, ¿un denario? No es posible.

PATHELIN. ¡Que me saquen este ojo si ha cobrado o cobrará más, aunque lo exija!

GUILLEMETTE. ¿Quién es?

PATHELIN. Un tal Guillaume, apodado Joceaulme, ya que quieres saberlo.

GUILLEMETTE. Pero, ¿y la forma de conseguirlo por un denario?, ¿con qué argucias?

PATHELIN. Fue por el denario de Dios, y si hubiese dicho «trato hecho», sólo con esta frase me habría ahorrado el denario. Ha estado bien trabajado, Dios y él compartirán juntos ese denario, si le parece bien, pues es todo lo que obtendrán por más que exijan, griten o protesten.

---

[19] Moneda de poco valor acuñada en París, de ahí su nombre.

GUILLEMETTE. ¿Cómo ha consentido que te lo traigas sin pagárselo, él, que es un hombre tan tacaño?

PATHELIN. Por Santa María la Hermosa, tanto lo he adulado y alabado que casi me lo regala. Le dije que su difunto padre era tan competente. «¡Ah!», le dije, «¡hermano, de qué cuna tan buena provenís!» «De toda la vecindad, vuestra familia es la más digna de elogios.» Pero, pongo a Dios por testigo: es hijo de un pícaro, el villano más tacaño que haya habido en este reino. «¡Ah!», dije, «amigo Guillaume, ¡cómo os parecéis de cara y en todo a vuestro buen padre!» Bien sabe Dios cómo preparé el cebo a la vez que intercalaba palabras alusivas a su pañería. «Y además», añadí, «Virgen Santa, con qué disposición y humildad fiaba sus mercancías!, ¡era vuestro vivo retrato!» Sin embargo, tanto su difunto padre, como el babuino[20] de su hijo se habrían dejado arrancar los dientes, de fea marsopa, antes de fiar o decir una palabra amable. Pero, en resumen, tanto he batallado y hablado que me ha fiado seis alnas.

GUILLEMETTE. Incluso ¿para no devolverlas?

PATHELIN. Así debes entenderlo. ¿Devolver? ¡Que se las devuelva el diablo!

GUILLEMETTE. Me has hecho recordar la fábula del cuervo[21] que estaba posado sobre una cruz de cinco a seis toesas[22] de alto y sostenía un queso con el pico; allí llegó un zorro que lo vio y pensó: «¿Cómo lo obtendré?» Entonces, se situó debajo del cuervo. «¡Ah!», dijo, «¡qué cuerpo tan bello tienes y qué melodioso es tu canto!» El cuervo, en su estupidez, al oír alabar su canto de este modo, abrió el pico para cantar y su queso cayó a tierra; el señor zorro lo agarró con fuerza y se lo llevó; así ha ocurrido, no lo dudo con este paño: lo has

---

[20] «Babouyn». El vocablo español babuino es un galicismo, significando una especie de mono.

[21] El autor se refiere a la fábula del cuervo y del zorro, que era ya muy conocida en Francia en la Edad Media. Una de las primeras versiones francesas fue la de la poetisa Marie de France, que escribió entre 1160-1170. También se menciona en el *Roman de Renart,* compuesto entre 1175-1205. Posteriormente, La Fontaine, en el siglo XVII, la hará más asequible para el pueblo.

[22] «Toises»: Del latín *tensa;* antigua medida francesa de longitud equivalente a un metro novecientos cuarenta y seis milímetros.

obtenido gracias a tus exageradas adulaciones, convencién-
dolo con hermosas palabras, como hizo el zorro para que-
darse con el queso; se lo has quitado gracias a tu gran habilidad.

PATHELIN. Ha de venir a comer pato, así que voy a explicarte
lo que haremos. Estoy seguro de que vendrá gritando para
que le paguemos rápidamente, por eso, he pensado una buena estratagema: conviene que yo me meta en la cama como
si estuviese enfermo, y cuando venga le dirás: «¡Hablad en
voz baja!», y llorarás poniendo cara de funeral. «¡Ay de mí!»,
dirás, «está enfermo desde hace mes y medio». Y si te con-
testa: «Eso son patrañas, acaba de dejarme hace un momento.» «¡Ay de mí!», dirás, «no es momento de burlas», y lo de-
jas chasqueado, pues no podrá hacer nada.

GUILLEMETTE. Por mi alma, representaré muy bien mi papel;
pero si algo sale mal y la justicia te vuelve a prender, temo
que te encarcelen el doble de tiempo que la otra vez.

PATHELIN. ¡Estate tranquila! Yo sé bien lo que hago; hay que
obrar tal como te digo.

GUILLEMETTE. Por Dios, acuérdate de aquel sábado que te pu-
sieron en la picota exponiéndote a la vergüenza pública[23];
ya sabes que todo el mundo te chilló a causa de tus truhane-
rías.

PATHELIN. Deja ya de charlar; va a llegar de un momento a
otro, y el tiempo apremia. Es preciso que nos quedemos
con el paño. Voy a acostarme.

GUILLEMETTE. De acuerdo, vé.

PATHELIN. Pero ¡no te rías!

GUILLEMETTE. Ni mucho menos; no te preocupes, lloraré a lá-
grima viva.

PATHELIN. Tenemos que mantenernos firmes para que no se
dé cuenta de nada.

---

[23] «Souviengne vous du samedi»: Guillemete alude al día de la feria en que se
exponía en la picota al condenado por cualquier tipo de falta, haciéndolo pasar
por una vergüenza pública; Pathelin ha pasado por esa experiencia y su esposa
no quiere que eso ocurra de nuevo.

ESCENA CUARTA

(El Pañero *a punto de salir de su quinta.)*

Pañero. Creo que es hora de que beba algo antes de irme. ¡Ahora que caigo, por San Mathurin, si voy a beber y comer pato en casa del señor Pierre Pathelin, y allí cobraré mi dinero! Al menos comeré un buen trozo sin pagar nada. Me voy.

(Llega ante la casa de Pathelin.*)*

ESCENA QUINTA

(Llamando a la puerta de Pathelin.*)*

Pañero. ¡Eh!, ¡maese Pierre!

Guillemette. *(Entreabriendo la puerta.)* ¡Ay!, señor, por Dios, si tenéis algo que decir, hablad más bajo.

Pañero. Dios os guarde, señora.

Guillemette. No me habéis oído que más bajo.

Pañero. ¿Qué ocurre?

Guillemette. Os lo ruego por mi alma...

Pañero. ¿Dónde está?

Guillemette. ¡Ay!, ¿dónde va a estar?

Pañero. ¿Quién...?

Guillemette. ¡Ah!, quién iba a ser, mi señor. ¿Que dónde está? ¡Dios, por su gracia, lo sabe! Guarda cama, el pobre mártir, desde hace once semanas, sin moverse...

Pañero. ¿De quién habláis?

Guillemette. Perdonadme, no me atrevo a hablar alto: creo que está reposando, está adormilado. ¡Ay!, ¡está tan fastidiado el pobre hombre!

Pañero. ¿Quién?

Guillemette. Maese Pierre.

Pañero. ¡Cómo! ¿No ha venido a buscar seis alnas de paño hace un momento?

Guillemette. ¿Quién?, ¿él?

PAÑERO. Acaba de llegar de allí no hace ni medio cuarto de hora. Pagadme, señora; estoy perdiendo el tiempo, así que no me entretengáis más. ¡Mi dinero!

GUILLEMETTE. ¡Eh!, ¡dejaos de bromas!, no es el momento de bromear.

PAÑERO. ¡Eso, mi dinero! ¿Estáis loca? Pagadme nueve francos.

GUILLEMETTE. ¡Ah! Guillaume. No se debe intentar engañar a la gente. ¿Me queréis tomar el pelo? Id con esas historias a algún tonto del que queráis burlaros.

PAÑERO. ¡Que reniegue de Dios si no consigo mis nueve francos!

GUILLEMETTE. ¡Ay!, señor, todo el mundo no tiene ganas de reír ni de bromear como vos.

PAÑERO. Os ruego que me oigáis sin bromear; por favor, llamad a maese Pierre.

GUILLEMETTE. ¡Maldito seáis! ¿Vais a seguir así durante todo el día?

PAÑERO. ¿No estoy en la casa de maese Pierre Pathelin?

GUILLEMETTE. Sí. Que el mal de San Mathurin[24] se os agarre al cerebro, ¡pero no al mío![25]. Hablad bajo.

PAÑERO. ¡Que el diablo me lleve! ¿No me atreveré a preguntarlo?

GUILLEMETTE. ¡A Dios me encomiendo!, ¡hablad bajo, si queréis que no se despierte!

PAÑERO. ¿Qué queréis decir por bajo?, ¿en la oreja, en el fondo de un pozo, o en una cueva?

GUILLEMETTE. ¡Por Dios! ¡Qué charlatán sois! Por cierto, ¿os comportáis siempre así?

PAÑERO. ¡Que el diablo me lleve si lo hago a propósito! Si queréis que hable bajo... ¡Venid a hablar aquí, más cerca de mí! En cuanto a eso de hablar bajo, tales cosas no las he apren-

---

[24] San «Mathelin», o «Maturin» era el protector de los locos o *matelineux*, por lo tanto el «mal de San Mathelin» era la locura. La frase figura en varios textos de la época, generalmente de origen normando.

[25] «Sans le mien!»: Las palabras pronunciadas por Guillemette debían formar parte de alguna fórmula para preservar o defenderse de algo; Guillemette quiere alejar de sí misma los malos efectos de su maldición contra el pañero.

dido. El hecho es que maese Pierre se ha traído seis alnas de paño hoy.

GUILLEMETTE. *(Subiendo la voz.)* ¡Pero bueno! ¿Esto va a continuar así todo el día? ¡Que el demonio se apodere de mí! Vamos a ver: ¿qué queréis decir por «se ha traído»? ¡Ah!, señor, ¡que cuelgen al mentiroso! Mi marido está en tal estado el pobre, que no ha abandonado el lecho desde hace unas once semanas. ¿Os estáis burlando de nosotros con vuestras mentiras? Decidme, ¿es esto razonable? Salid de mi casa ¡Por los tormentos de Cristo, qué desgraciada soy!

PAÑERO. ¡Vos me decíais que hablase tan bajo...! ¡Santa Virgen bendita!, y vos gritáis.

GUILLEMETTE. *(En voz baja.)* Sois vos, por mi alma, que no habláis más que haciendo ruido.

PAÑERO. ¡Bueno, bueno!, si queréis que me vaya: pagadme.

GUILLEMETTE. *(Olvidándose de nuevo y gritando.)* ¡Hablad bajo! ¿Lo haréis o no?

PAÑERO. Pero si sois vos quien lo va a despertar: habláis cuatro veces más alto que yo, ¡por la Sangre de Cristo! Os ruego que me paguéis.

GUILLEMETTE. ¿Qué es esto? ¿Estáis borracho o loco? ¡Por nuestro Padre Jesús!

PAÑERO. ¿Borracho? ¡Maldito sea San Pedro! ¡Vaya una pregunta!

GUILLEMETTE. ¡Ay!, ¡más bajo!

PAÑERO. ¡Por San Jorge!, os pido, por las buenas, el precio de seis alnas de paño, señora.

GUILLEMETTE. *(Más alto.)* ¡Son invenciones vuestras! ¿Y a quién se las habéis dado?

PAÑERO. A él mismo.

GUILLEMETTE. ¡En buen estado está como para comprar paño! ¡Ay!, no se puede ni mover; no necesita ninguna ropa, ya que no se vestirá más que de blanco[26], y no se marchará de donde está si no es con los pies por delante.

PAÑERO. Pues será desde que ha salido el sol, porque yo he hablado con él hoy.

---

[26] Guillemette hace alusión al color blanco del sudario.

GUILLEMETTE. *(Con voz aguda.)* ¡Qué voz tan alta tenéis! ¡Hablad más bajo, por caridad!

PAÑERO. Sois vos, en verdad, quien habláis alto. ¡Por el cuerpo de Cristo! ¡Vaya una situación tan violenta! ¡Que me paguen y me iré!

(Hablando consigo mismo.)

Por Dios, nunca que he prestado me ha ocurrido nada igual.

PATHELIN. *(Acostado en otra habitación.)* ¡Guillemette!, ¡un poco de agua rosa![27]. Álzame, arréglame la almohada, ¡no me oyes!, ¿a quién le estoy hablando?, ¡el aguamanil!, ¡quiero beber!, ¡frótame las plantas de los pies!

PAÑERO. Ya lo oigo ahí dentro.

GUILLEMETTE. Sí.

PATHELIN. ¡Ah! ¡Malvada!, ¡ven aquí! ¿Acaso te había dicho que abrieras esas ventanas? Ven a taparme, ¡echa fuera a esas gentes de negro! ¡Marmara, carimari, carimara![28], ¡llévatelos!, ¡llévatelos!

GUILLEMETTE. *(Entrando al dormitorio.)* ¿Qué es esto?, ¿por qué te excitas tanto?, ¿has perdido el juicio?

PATHELIN. Tú no ves lo que yo siento. *(Se excita.)* ¡Aquí hay un brujo que vuela! Cógelo, pásale una estola[29] por el cuello. ¡Al gato! ¡Al gato![30], cógedlo, ¡cómo sube!

GUILLEMETTE. ¿Qué es eso? ¿No te da vergüenza? ¿Estás muy excitado?

PATHELIN. *(Volviendo a tenderse agotado.)* Estos médicos me han matado de tantas drogas como me han hecho tomar; y, sin embargo, hay que hacerles caso, me manipulan como si fuera de cera.

GUILLEMETTE. *(Al* PAÑERO.) ¡Ay! ¡Venid a verlo señor! ¡Está tan grave!

---

[27] «Eau rose»: Perfume empleado en la Edad Media para hacer volver en sí a los desvanecidos y cuyo equivalente actual sería sales.

[28] Los tres vocablos pronunciados por Pathelin, en su fingido delirio, son una especie de fórmula mágica para espantar a los *gens noirs,* que lo acosan.

[29] Se refiere Pathelin a la estola sacerdotal, que al pasarla por el cuello del enfermo expulsaba los demonios del cuerpo de la persona poseída.

[30] El gato era el animal diabólico por excelencia, y, a menudo, como en este contexto, designaba al diablo. Era, igualmente, el animal favorito de las brujas.

PAÑERO. ¿Está tan gravemente enfermo? ¿Desde el momento en que llegó de la feria?

GUILLEMETTE. ¿De la feria?

PAÑERO. Sí, por San Juan; pienso que ha estado allí.

(Dirigiéndose a PATHELIN.*)*

Maese Pierre, vengo a cobrar el dinero del paño que os he fiado.

PATHELIN. *(Fingiendo confundir al* PAÑERO *con un médico.)* ¡Ah!, maese Juan[31], he echado al hacer de vientre dos bolitas negras, redondas y más duras que las piedras. ¿Tengo que ponerme otra lavativa?

PAÑERO. ¿Y yo qué sé? ¿Qué tengo yo que ver? Quiero mis nueve francos o seis escudos.

PATHELIN. ¿Llamáis píldoras a esos trozos negros y puntiagudos? Me han estropeado las mandíbulas. ¡Por Dios!, ¡no me hagáis tomar más, maese Juan! Me han hecho devolverlo todo. ¡Ah! ¡No hay cosa más amarga!

PAÑERO. No, por el alma de mi padre, mis nueve francos no me han sido devueltos.

GUILLEMETTE. ¡A la gente tan fastidiosa habría que colgarlos por el cuello! ¡Largaos ya, en nombre de los demonios, ya que no puede ser en nombre de Dios!

PAÑERO. ¡Por el Dios que me hizo nacer, no cejaré hasta que me devuelvan mi paño o mis nueve francos!

PATHELIN. ¿Y mi orina, no os dice que me estoy muriendo?[32]. ¡Ay!, ¡por Dios, contenga lo que contenga, que no me muera!

---

[31] «Maistre Jehan»: Nombre de un médico imaginado por Pathelin y con el que designa al comerciante; en el teatro cómico francés se encuentran con frecuencia personajes de tal nombre.

[32] El análisis de la orina, ya en la época del texto, era de vital importancia para conocer las causas de las enfermedades; los versos siguientes (658-659): «Helas! pour Dieu, quoy qu'il demeure, / que je ne passe point le pas!» pueden tener tres interpretaciones distintas:

a) Refiriéndose a la orina: «contenga lo que contenga».

b) «quoi qu'il advienne», es decir: «pase lo que pase»; en este caso, el autor habría escrito *demeure* por *advienne*, para que rimara con el verso anterior (657): *meure*».

c) Referida a la presencia del médico: «aunque permanezca, que yo no me muera»; sería así, una crítica feroz a la medicina.

GUILLEMETTE. *(Dirigiéndose al* PAÑERO.) ¡Largaos ya! ¿No os parece mal marearlo tanto?

PAÑERO. ¡Dios no lo permita! Ahora oídme: creéis que me es agradable perder seis alnas de paño.

PATHELIN. ¡Si pudiéseis hacer más blandas mis deposiciones, maese Juan!, son tan duras que no sé cómo soporto ir al retrete.

PAÑERO. Quiero mis nueve francos; o me los das por las buenas, o por San Pedro de Roma que...

GUILLEMETTE. ¡Ay! ¡Cómo atormentáis a este hombre! ¿Cómo podéis ser tan malvado? Ya veis claramente que él piensa que sois el médico. ¡Ay!, ¡pobre cristiano, bastante desgracia tiene ya!, ¡once semanas seguidas que el pobre lleva en el lecho!

PAÑERO. ¡Sangre de Cristo!, no sé cómo le ha sucedido este accidente, ya que hoy vino a mi tienda y hemos cerrado un trato juntos; al menos así me lo parece, o ya no sé qué pensar.

GUILLEMETTE. ¡Por Nuestra Señora!, mi buen señor, tenéis la mente turbada; hacedme caso, idos sin demora a descansar un poco: mucha gente podría criticar que venís por mí. Salid; los médicos llegarán enseguida.

PAÑERO. No me preocupa que piensen mal, pues yo no lo pienso.

(Para sí mismo.)

¡Maldita sea ¿Estaré equivocado hasta tal punto?

(A GUILLEMETTE.)

¡Por los clavos de Cristo! Yo creía que...

GUILLEMETTE. ¡Pero insistís!

PAÑERO. ¿No estáis preparando un guiso de pato?

GUILLEMETTE. ¡Vaya una pregunta! ¡Ah!, señor, esa no es comida para enfermos. ¡Comeos vos vuestros patos y no vengáis a gastarnos bromas! A fe mía, que no tenéis ninguna preocupación.

PAÑERO. Os ruego que no os lo toméis a mal, pues yo creía firmemente que...

GUILLEMETTE. ¿Y volvéis a insistir?

PAÑERO. ¡Por la Hostia Bendita!... ¡Adiós!

(En el umbral de la casa de PATHELIN, *hablando consigo mismo.)*

¡Demonios!, voy a cerciorarme; lógicamente debo tener seis
alnas, todo en una pieza, pero esta mujer me transtorna la
mente... Seguramente ¿las tiene?... ¿no las tiene? ¡Diablos!,
no puedo compaginar las dos cosas: he visto la muerte que
se lo va a llevar... A menos que lo finja. ¡Tiene el paño!, es
un hecho que lo ha cogido y se lo puso debajo del brazo.
¡Por Santa María la Hermosa... ¡No, no lo tiene!... Ya no sé
si estoy soñando o no: que yo sepa no le doy mis géneros,
ya esté dormido o despierto, a nadie, ni siquiera a mi mejor
amigo; no se los hubiese fiado si... ¡Pardiez!, él tiene el
paño. ¡Cáspita!, él no lo tiene. ¡Ah!, ahora lo comprendo: él
no lo tiene. Pero ¿en qué quedamos? Sí, lo tiene. ¡Por las lá-
grimas de Nuestra Señora! ¡Qué me suceda a mí tanta desgracia en lo material y lo espiritual, si no puedo averiguar
quién tiene razón, ellos o yo! ¡No entiendo ni jota!

(Se aleja de la casa de PATHELIN.)

PATHELIN. *(En voz baja.)* ¿Se ha ido ya?
GUILLEMETTE. *(También en voz baja.)* ¡Silencio!, estoy escuchan-
do. Está rezongando no sé qué; se va refunfuñando tan
fuerte que parece como si delirase.
PATHELIN. ¿Puedo levantarme ya? ¡Qué a punto ha llegado!
GUILLEMETTE. Yo no sé si no va a volver.

*(*PATHELIN *hace ademán de levantarse.)*

No, ¡demonios!, no te muevas todavía: el asunto se vendría
a pique si te encuentra levantado.
PATHELIN. ¡Por San Jorge! ¡A buen sitio ha venido a dar!, ¡con
lo desconfiado que es! La representación ha sido a su medida y le va como anillo al dedo.
GUILLEMETTE. El ruin y glotón pañero ha apreciado mis mentiras más que un pescador aprecia el tocino[33]; pero no me

---

[33] «Oncq lart es pois ne cheut si bien»: Proverbio equivalente en francés moderno a «jamais lard n'alla mieux aux pois», literalmente: «nunca hubo mejor tocino para los guisantes».

quedan remordimientos ya que nunca ha dado limosnas los domingos. *(Se ríe.)*

PATHELIN. ¡Por Dios, no te rías! Si volviese se estropearía todo y estoy seguro de que volverá.

GUILLEMETTE. Que aguante la risa quien pueda, pero te juro que yo no puedo hacerlo.

PAÑERO. *(Delante de su tenderete.)* Por el santo sol que luce, volveré, aunque no les guste, a casa de ese abogaducho. ¡Por Dios! ¡Qué bien sabe cobrarse los intereses de las tierras que sus padres o sus parientes vendieron! ¡Por San Pedro!, él tiene mi paño. ¡Despreciable tramposo! Se lo he dado aquí mismo.

GUILLEMETTE. Cuando me acuerdo de la cara que ha puesto al verte, me río; se acaloraba tanto al reclamar su dinero. *(Se ríe.)*

PATHELIN. ¡Calla, inoportuna! ¡Reniego de Dios! (nunca más lo haré). Si llegara a ocurrir que te oyera, más nos valdría huir; ¡es tan pesado!

PAÑERO. *(Hablando solo por las calles.)* Este abogaducho borrachín, que sólo es un charlatán[34], ¿toma a la gente por boba? Se merece que lo cuelguen como a un hereje. Él tiene mi paño, o yo reniego de Dios, y me ha tomado el pelo.

(Vuelve a casa de PATHELIN *y llama a la puerta.)*

¡Hola!, ¿dónde os habéis metido?

GUILLEMETTE. *(En voz baja.)* ¡Voto al cielo, me ha oído!

PATHELIN. *(También en voz baja.)* Fingiré que deliro. Ve a abrir.

GUILLEMETTE. *(Abriendo la puerta.)* ¡Cómo gritáis!

PAÑERO. Vos en cambio os reís. ¡Venga mi dinero!

GUILLEMETTE. ¡Santa María! ¿De quién pensáis que me río? No hay nadie que esté más deprimida que yo en esta fiesta.

---

[34] En el original: «Et cest advocant potatif, / a trois leçons et trois psëaulmes»; *potatif* es un adjetivo creado posiblemente por el autor, que parece basarse en el latín *potare* = beber. El siguiente verso es un proverbio que tiene su explicación en el hecho de que antes del siglo XIV, los franciscanos se negaron a recitar nueve lecciones y nueve salmos al día, por considerarlo excesivo, reduciéndose a tres por la mañana durante el tiempo pascual. Por lo tanto, el comentario del pañero hacia Pathelin es totalmente despectivo, queriendo indicar la falta de devoción del abogado.

¡Se está muriendo! Jamás habréis oído tal jaleo y frenesí. Todavía está delirando: sueña, canta, mezcla y balbucea cien lenguas. No vivirá media hora. Por eso, por sus desvaríos, río y lloro a la vez.

PAÑERO. Yo no sé por qué os reís ni por qué lloráis; vengo a deciros en pocas palabras que me paguéis.

GUILLEMETTE. ¿Qué? ¿Estáis loco? ¿Volvéis a empezar con vuestras bromas?

PAÑERO. No tengo la costumbre de bromear cuando vendo paño. ¿Queréis hacerme comulgar con ruedas de molino?

PATHELIN. *(Delirando.)* ¡En pie, rápido! ¡La reina de las guitarras! ¡Al instante, que me la traigan! Ya sé que está pariendo veinticuatro guitarrillas, hijas del abad de Yverneaux[35]. Tengo que ser su padrino.

GUILLEMETTE. ¡Ay! Piensa en Dios padre, esposo mío, y no en guitarras.

PAÑERO. ¡Eh! ¡Mira que inventan pamplinas esta gente! ¡Venga, rápido, quiero que me paguéis en oro o en moneda el paño que tenéis de mi tienda!

GUILLEMETTE. ¡Diablos!, ¿no os basta haberos equivocado ya una vez?

PAÑERO. ¿Sabéis algo de eso, buena amiga? ¡Que Dios me ayude!, yo no sé cuándo me he equivocado. ¡Pero vamos!, o me devolvéis el paño u os cuelgan. ¿Qué mal os hago viniendo de casa a reclamar lo que es mío? Sí, decidme: ¿qué mal? Por San Pedro de Roma...

GUILLEMETTE. ¡Ay! ¡Cómo atormentáis a este hombre! Bien veo en vuestro rostro que no estáis en vuestro sano juicio. ¡Por la pobre pecadora que soy!, si contase con la ayuda de alguien, os ataría: ¡estáis completamente loco!

PAÑERO. ¡Ay! Estoy rabioso porque no me pagan.

GUILLEMETTE. ¡Ah! ¡Qué necedad! ¡Santiguaos! ¡Oremos! ¡Haced el signo de la cruz!

PAÑERO. ¡Que me cuelguen si vuelvo a fiarle a alguien!

---

[35] La abadía de Iverneaux se encontraba cerca de Brie-Comte-Robert, al sudeste de París y pertenecía a los agustinos. En la época en que transcurre la obra, la citada abadía y sus componentes tenían fama de disolutos, de ahí la alusión de Pathelin al abad.

(PATHELIN *se agita en la cama.*)

¡Vaya un enfermo!
PATHELIN. *(Hablando en dialecto lemosín)* [36].

> ¡Madre de Dios, la coronada!
> ¡Por mi fe, yo quiero irme,
> fuera del reino de Dios al otro lado del mar!
> ¡Vientre de Dios!, ¡«z'en dis gigone»! [37].

(Señalando al PAÑERO.)

> Éste pide y no da nada
> ¡No molestes más, y lárgate!
> ¡Que de dinero no entiendo una palabra!

(Dirigiéndose al PAÑERO.)

¿Habéis comprendido, primo? [38].

GUILLEMETTE. *(Dirigiéndose al* PAÑERO.) Tuvo un tío lemosín,
que fue hermano de su tía; me imagino que por esa razón
chapurrea el lemosín.
PAÑERO. ¡Diablos! Él se vino a la chita callando y consiguió
traerse el paño bajo el brazo.
PATHELIN. *(Hablando en picardo y dirigiéndose a* GUILLEMETE.)

> Entrad, dulce damisela
> ¿y qué quieren estos monigotes?
> ¡Atrás, mierdosos!

(Se envuelve en la manta.)

> ¡Rápido! quiero hacerme cura
> ¡venga!, que el diablo entre

---

36 Dada la dificultad de los pasajes en otros dialectos, hemos optado por tra-
ducirlos todos literalmente y verso a verso.

37 Palabras indescifrables; la única traducción propuesta para *gigone* es «zut», y
en este caso el párrafo quedaría así: «¡Vientre de Dios! "cáscaras"», es decir, dos
exclamaciones que Pathelin introduce en su incoherente delirio.

38 En su simulado delirio, Pathelin finge confundir al pañero con un parien-
te, permitiéndose además la licencia de decirle los últimos versos en franciano,
y no en lemosín, para que el comerciante los entienda.

en esta vieja abadía.
¿Es conveniente que el sacerdote se ría?

GUILLEMETTE. ¡Ay! ¡Ay! La hora se acerca y van a tener que
darle la extremaunción.

PAÑERO. ¿Pero, cómo habla correctamente picardo? ¿De dónde le viene tal locura?

GUILLEMETTE. Su madre nació en Picardía, por eso él lo habla
ahora.

PATHELIN. *(Dirigiéndose al* PAÑERO.*)* ¿De dónde vienes, máscara
de carnaval?

(Hablándole en flamenco) [39].

> ¡Ay! buen hombre
> por suerte, he leído más de un libro
> ¡Henri!, ¡Henri!, ven a dormir
> voy a estar bien armado.
> ¡Alerta, alerta: buscar garrotes!
> ¡A la carrera, a la carrera: una monja amarrada!
> Dísticos adornan estos versos.
> Pero grandes alegrías ensanchan el corazón.
> ¡Ah!, esperad un instante: aquí están los versos de
> vino llenos.
> ¡Venga, bebed!, os lo ruego
> solo ven y mira: ¡es un don de Dios!
> y que me echen un poco de agua.
> Haced que vengan el señor Tomás
> enseguida, que me confiese.

PAÑERO. ¿Qué es esto? ¿No dejará de hablar en diferentes lenguas? Si al menos me dieran una parte o todo mi dinero,
me iría.

GUILLEMETTE. ¡Por la pasión de Jesucristo! ¡Qué desgraciada

---

[39] La mayor parte de los versos que componen el parlamento de Pathelin están escritos en un flamenco muy deforme y prácticamente ininteligible; parecen
aludir a una escena de carnaval, en la que el abogado exhorta a divertirse, comer y beber en abundancia, antes de entrar en los días austeros de la Cuaresma.
L. Chevaldin, en su estudio *Les Jargons de la farce de Pathelin,* traduce los versos
en francés moderno, lo que nos da la traducción española propuesta.

soy! Sois un hombre muy extraño. ¿Qué pretendéis? No sé cómo sois tan obstinado.

PATHELIN. *(Hablando en normando.)*

> ¡Oh! ¡Vaya! Renouart el de la porra![40].
> ¡Demonios! ¡Qué cojones tan peludos tengo!
> Parecen un gato peludo
> o una abeja.
> ¡Habladme, Arcángel San Gabriel![41].

(Se agita.)

> ¡Por las llagas de Cristo! ¿Quién me muerde por el
> culo? ¿Es un escarabajo, una mosca, o un caracol?
> ¡Demonios!, ¡tengo el mal de San Garbot![42].
> ¿Soy acaso de los furiosos de Bayeux?[43].
> Jehan de Quemin estará contento[44],
> pero ¡que él haga que yo también lo esté!
> ¡Diablos! ¡Por San Miguel, echaría un trago
> gustosamente con él!

---

[40] «Renouart au tiné!»: Personaje gigantesco que interviene en una canción de gesta del ciclo de «Garin de Monglane» y acompaña al héroe «Guillaume»; aplastaba a sus enemigos con una maza.

[41] Pathelin finge que se le aparece el arcángel San Gabriel.

[42] «...le mau saint Garbot»: Se trata de la disentería; el llamar de este modo a la enfermedad, viene de lo siguiente: Gerbold (Gereboldus) o Garbot era obispo de Bayeux; irritados con él sus feligreses, a causa de su severidad, le expresaron su desacuerdo en un conato de rebelión. Para castigarlos, Dios les envió una terrible disentería que se llevó a la tumba a numerosas personas. Los ciudadanos atribuyeron la desgracia a su obispo, al que expulsaron de la ciudad. En el momento de su partida, arrojó al río el anillo que había recibido el día de su consagración, declarando que no regresaría a la ciudad hasta que no le trajeran dicho anillo. La plaga fue a más, y, convencidos de la iniquidad de su conducta, los ciudadanos de Bayeux enviaron a buscar a su obispo, ya que alguien había encontrado el anillo en el vientre de un pez. Al enterarse del milagro, Gerbold cedió ante el arrepentimiento de sus feligreses, dirigió súplicas al Señor y el mal cesó, de ahí la tradición de invocar a San Garbot.

[43] La frase queda aclarada con la nota anterior.

[44] «Jehan du Quemin»: Hay dos hipótesis respecto al nombre:

a) Personaje que parece haber tenido relación con el supuesto autor de la obra, Guillaume Alecis, y que estaría empadronado en una abadía cercana a Evreux.

b) Abogado eclesiástico que figuraba en el juicio seguido contra Juana de Arco.

PAÑERO. ¿Cómo puede llevar el peso de tanto hablar?

(PATHELIN *se agita.*)

¡Ah, está enloqueciendo!

GUILLEMETTE. El maestro que tuvo en la escuela era normando: por eso al final de su vida se acuerda de él.

(PATHELIN *emite un fuerte ruido por la garganta.*)

¡Se está muriendo!

PAÑERO. ¡Ah! ¡Santa María! Esta es la cosa más extraña que he
presenciado en toda mi vida; nunca habría dudado que él
hubiese estado hoy en la feria.

GUILLEMETTE. ¿Lo creéis?

PAÑERO. ¡Por Santiago! ¡Sí! Pero me doy cuenta, muy a mi pesar, de lo contrario.

PATHELIN. *(Fingiendo escuchar.)* ¿Lo que oigo rebuznar, es un
asno?

(*Dirigiéndose al* PAÑERO.)

> ¡Ay! ¡Ay! primo mío
> mis primos se entristecerán mucho
> el día en que no te vea
> conviene que yo te odie,
> pues tú me has hecho muchas trampas;
> tus acciones son pura mentira.

(PATHELIN, *de repente, prosigue en dialecto bretón.*)

> ¡Ah! Podrías estar poseído por el demonio.
> En cuerpo y alma[45].

GUILLEMETTE. *(A* PATHELIN.) ¡Dios os asista!

PATHELIN.

> Podríais pasar una mala noche, con pesadillas
> como consecuencia el incendio de vuestros bienes.
> Os desearé a todos vosotros, sin excepción.

---

[45] Estos dos versos, y los diez siguientes de Pathelin, están en el original en
bretón y en un estado muy deteriorado. Joseph Loth, después de intentar re-
construirlos, los ha traducido en francés moderno, cuyo equivalente en español
es la traducción presentada.

Opresores, por efecto del miedo.
Que vomitarais las entrañas.
Haciendo morcillas.
Que dierais asco a los perros.
Que se están muriendo de hambre.
Tendrás limosna y buena cara.
Y mucha ternura y cortesía.

PAÑERO. *(A GUILLEMETTE.)* ¡Ay!, por Dios, oíd lo que dice. ¡Está agonizando!, ¡cómo babea!, ¿pero, qué diablos es esta jerga? ¡Santa Señora!, ¡cómo habla entre dientes! ¡Por el cuerpo de Cristo, está farfullando! Sus palabras no se comprenden. No habla cristiano, ni ningún lenguaje inteligible.

GUILLEMETTE. Es que la madre de su padre era oriunda de Bretaña. Se muere, lo que nos indica que hay que administrarle la extremaunción.

PATHELIN. *(Hablando al PAÑERO en lorenés.)*

¡Por San Gigón![46], ¡mientes!
¡Voto a Dios! ¡Cojones de Lorena!
¡Dios te convierta en un pellejo de vino fresco![47].
No vales ni lo que una esterilla.
Lárgate, repugnante borracho.
¡Vete al diablo!, ¡asqueroso vicioso!
Te las das demasiado de listo.
¡Por Cristo!, ¡ven a beber!
y dame ese grano de pimienta
ya que verdaderamente me lo comeré
y, ¡por San Jorge!, beberé contigo.
¿Qué quieres que te diga?
Oye ¿por casualidad no viene de Picardía?
¿El paleto este se ha quedado boquiabierto?

---

[46] *Gigon* es una corrupción valona de *Gengoulf,* nombre que tomaba también, en los Países Bajos, la forma *Gengon.* Dado que el párrafo pronunciado por Pathelin en lorenés trata del vino, no sería aventurado afirmar que «Saint Gigon» pudiera ser un patrón del vino.

[47] En el original «Dieu te mette en bote sepmaine!»: El verso debe guardar relación con el mes de septiembre, fecha habitual de la vendimia, con lo cual decir a otro «Dios te convierta en un pellejo de vino de septiembre» sería una especie de insulto, puesto que es un vino «nuevo», de poca calidad comparado con el de cosechas viejas.

(Delirando en latín.)

> Buenos días tengáis.
> Maestro amantísimo.
> Padre reverendísimo.
> ¿Qué queréis? ¿Qué hay de nuevo?
> no hay huevos en París.
> ¿Qué pregunta ese vendedor?
> Nos ha dicho que el estafador,
> el que está tendido en el lecho,
> quiere darle, si le place,
> pato para comer.
> Si está bueno,
> pedídselo sin tardanza[48].

GUILLEMETTE. A fe mía, que se morirá hablando. ¡Cómo latiniza! ¿Veis cómo honra a los dioses? Su vida se acaba; luego, me quedaré pobre y desamparada.

PAÑERO. *(Para sí.)* Sería bueno que me fuese, antes de que se muera.

(A GUILLEMETTE.)

Temo que, delante de mí, quizá no quiera deciros ningún secreto confidencial antes de morir. Perdonadme, pues os juro que creía por mi alma que tenía mi paño. Adiós, señora, y que Dios me perdone.

GUILLEMETTE. *(Acompañándolo a la puerta.)* ¡La bendición de él os sea dada, así como a la pobre doliente![49].

PAÑERO. *(Reflexionando.)* ¡Por Santa María la Gentil! Me he quedado más atónito que nunca. ¡El diablo, en vez de Pathelin, ha cogido mi paño para tentarme! ¡Dios me bendiga!, ¡que el diablo no pueda atentar contra mí!; y, ya que la cosa se presenta así, ¡por Dios que le doy el paño a quien lo haya cogido! *(Se marcha.)*

PATHELIN. *(Saltando de la cama.)* ¡Levantémonos!

---

[48] Pathelin, dirigiéndose al pañero en latín, pronuncia determinadas frases sin demasiada conexión entre ellas, si bien es cierto que en la segunda parte se puede observar claramente la burla o el sentido jocoso con el que Pathelin alude a su propia situación: el estafador, que está tendido en el lecho y que ha invitado a comer pato al pañero, no es sino el propio Pathelin.

[49] Es decir, a la propia Guillemette.

(A Guillemette.*)*

¿Verdad que te aconsejé bien?, ya se va el pobre Guillaume. ¡Santo Dios! ¡Qué cortas luces encierra bajo su sombrero! Tendrá muchas pesadillas cuando se acueste por la noche.

Guillemette. ¡Cómo le hemos tomado el pelo! ¿No he hecho bien mi trabajo?

Pathelin. ¡Por Jesucristo! A decir verdad, has representado el papel muy bien. Por lo menos hemos sacado bastante paño para hacernos vestidos.

ESCENA SEXTA

(En casa del Pañero, *que acaba de enterarse que su* Pastor *le ha robado las ovejas.)*

Pañero. ¡Pues sí que estoy arreglado! ¡Me engañan con mentiras y cada uno se lleva de mi hacienda lo que puede! Soy el rey de los desgraciados: hasta los pastores me roban. El mío, a quien siempre he tratado bien, no se mofará de mí impunemente, ¡ya vendrá a pedirme perdón, por la Virgen bendita!

(El Pastor *que entra.)*

Buenas tardes, mi buen amo, que Dios bendiga vuestra tarea.

Pañero. ¡Ah! ¡Estás ahí, mierdoso truhán! ¡Vaya un gañán! ¿A qué vienes?

Pastor. Con perdón de usted, mi buen amo, un hombre con uniforme a rayas, muy excitado y que llevaba un palo[50], me ha dicho algo de... Pero, en realidad, no me acuerdo bien lo que pueda ser. Me ha hablado de usted, amo, y de no sé qué requerimiento... En lo que a mí se refiere, ¡por Santa María, que no entiendo ni mucho ni poco! Me ha hablado de ovejas y de la hora del requerimiento, todo mezclado, y ha hablado muy malamente de usted, mi amo.

---

[50] El pastor se refiere al ujier con bastón, símbolo de su autoridad, que ha ido a buscarlo para que comparezca ante el requerimiento de su amo.

PAÑERO. Si yo no encuentro el medio de llevarte inmediatamente delante del juez, ruego a Dios que el diluvio y la tempestad caigan sobre mí. A fe mía que no me matarás mis corderos sin que te acuerdes de ello. Pase lo que pase, tú me pagarás las seis alnas... quiero decir, la matanza de mis bestias, y el daño que me has hecho desde hace diez años.

PASTOR. No creáis a los maldicientes, mi buen amo, pues, por mi alma...

PAÑERO. Y por la Santa Virgen a quien se implora, el sábado próximo me devolverás mis seis alnas de paño... quiero decir, las bestias que me has quitado.

PASTOR. ¿Qué paño? ¡Ah!, mi amo, creo que estáis enfadado por otra cosa. Por San Lobo[51], mi amo, no me atrevo a deciros nada cuando os miro.

PAÑERO. ¡Déjame en paz! Vete y sé puntual a la cita, si te parece.

PASTOR. Mi amo, pongámonos de acuerdo; por Dios, que yo no quiero pleitear.

PAÑERO. Tu asunto está muy claro. Vete, y voto a Dios que no haré ningún acuerdo ni negocio contigo mientras que el juez no lo decida. ¡Caramba! Todos me querrán engañar, de ahora en adelante, si no lo preveo.

PASTOR. Adiós, señor, ¡que él os dé alegría!

(Para sí.)

Es preciso que me defienda.

ESCENA SÉPTIMA

(En casa de PATHELIN.*)*

PASTOR. *(Llamando a la puerta.)* ¿Hay alguien en casa?

PATHELIN. *(En voz baja.)* ¡Que me cuelguen por el cuello, si no es el pañero que vuelve!

GUILLEMETTE. *(También en voz baja.)* No lo permita San Jorge; eso sería lo peor que podría sucedernos.

---

[51] Nótese la ironía de la frase, ya que Thibault l'Aignelet («el borreguito») invoca a San Lobo como patrón de los pastores.

PASTOR. ¡Dios sea con vosotros! ¡Dios os guarde!

PATHELIN. Dios te guarde, amigo, ¿qué te trae por aquí?

PASTOR. Me declararán en rebeldía, señor, si no me presento a la hora indicada en el requerimiento; por favor, venid conmigo, mi buen señor, y defended mi pleito, pues yo no entiendo nada de eso; os pagaré muy bien aunque me veáis tan mal vestido.

PATHELIN. Acércate y explícate. ¿Qué eres: el demandante o el demandado?

PASTOR. Tengo un asunto pendiente con un comerciante, ¿comprendéis bien mi buen señor?, cuyas ovejas he llevado a pastar desde hace mucho tiempo; yo se las cuidaba, pero veía que me pagaba muy poco... ¿Debo decirlo todo?

PATHELIN. Claro que sí: al abogado se le debe decir todo.

PASTOR. La verdad es, señor, que las he molido tanto a palos, que varias desfallecían y caían muertas por fuertes y sanas que estuviesen; luego, para que no pudiera culparme, le hacía creer que morían de viruela[52]. «¡Ah!», me decía, «no las dejes que se mezclen con las otras; sepáralas».

«Naturalmente», le contestaba yo, pero la orden se ejecutaba de otra manera, pues yo sabía bien lo que tenían, por San Juan que me las comía. ¿Qué queréis que os diga? Tanto he continuado con estos tejemanejes, tantas he apaleado y matado, que ha terminado por darse cuenta; cuando ha descubierto que lo engañaba, ha ordenado, ¡Dios me asista!, que me espíen, pues se las oía gritar muy alto cuando las golpeaba, ¿comprendéis? De modo que me ha cogido con las manos en la masa, ya no puedo negarlo. Por esta razón quisiera pediros —en lo que respecta al dinero, tengo bastante— que le preparemos una trampa.

Bien sé que tiene toda la razón, pero si os lo proponéis, ya encontraréis el medio para que no la tenga.

PATHELIN. ¡Te prometo que quedarás contento! ¿Qué me pagarás si invertimos los términos de la causa, te dan la razón y te absuelven?

_____

[52] «La clavelee»: Enfermedad infecto-contagiosa del ganado ovino parecida a la viruela.

PASTOR. No os pagaré en monedas, sino en escudos de oro de la corona[53].

PATHELIN. Entonces ganarás el pleito aunque la situación fuese el doble peor, cuando más adversa es la causa a mis clientes, más favorable se la hago cuando aplico mi talento. Ya me oirás inventar equívocos en el momento en que presente su demanda. Acércate que te pregunte —por la sangre de Cristo, ¿eres bastante astuto para entender bien la treta?—. ¿Cómo te llaman?

PASTOR. Por San Mauro[54], Thibault l'Aignelet.

PATHELIN. L'Aignelet, ¿has robado a tu amo muchos corderillos lechales?

PASTOR. Creo que quizá me haya comido más de treinta en tres años.

PATHELIN. O sea, a razón de diez al año[55].

(Pensando en el pleito adverso del PASTOR.)

Creo que se la pegaré[56].

(Después de una pequeña pausa.)

¿Crees que podré encontrar testigos, sobre la marcha, para poder probar los hechos? Es la clave de la defensa.

PASTOR. ¿Probar, señor? ¡Por la Virgen Santa y todos los santos del paraíso!, por cada testigo que yo presente, él presentará diez que declararán en contra mía.

PATHELIN. Es un hecho que no te favorece en absoluto... Mira lo que pienso: yo fingiré que no te conozco, y que no te he visto nunca.

PASTOR. ¡Por Dios, no hagáis eso!

PATHELIN. No te preocupes; pero esto es lo que conviene que

---

[53] El pastor hace mención a una clase especial de escudos, acuñados con un sello y que llevaban impresa una corona, por lo que tenían más valor que los otros.

[54] El santo invocado por el pastor es Saint-Maur-des-Fossés, localidad cercana a París.

[55] En el original «Ce sont dix de rente, pour tes dez et pour ta chandelle!»: Pathelin menciona la costumbre que existía en las tabernas de alquilar los dados *(dez)* y pagar la vela *(chandelle)*, que iluminaba a los jugadores.

[56] Se refiere al amo del pastor, sin saber que es el mismo pañero.

hagamos: si hablas, te harán caer enseguida en contradiccio-
nes, y en tales casos, las confesiones son tan perjudiciales y
hacen tanto daño que, ¡es un lío! Para evitar eso, esto es lo
que haremos: tan pronto como te llamen para comparecer
ante el tribunal, no respondas nada más que «¡bée!» a cualquier cosa que te digan. Y si llegan a insultarte, diciéndote:
«¡Eh!, ¡estúpido apestoso! ¡Que Dios te dé mal año, truhán!
¿Te burlas de la justicia?», responde: «¡bée!» —«¡Ah!», diré
yo, «es un necio: cree que le está hablando a sus bestias»;
pero, aunque tuvieran que romperse la cabeza, que ninguna
palabra salga de tu boca, ¡ten mucho cuidado!

PASTOR. Por la cuenta que me tiene ya tendré yo mucho cuidado y haré todo lo que decís, os lo prometo firmemente.

PATHELIN. Estate atento y mantente firme. Incluso a mí, cualquier cosa que te diga no convenida de antemano, no me
respondas de otro modo.

PASTOR. ¿Yo?, nada, lo juro por mi bautismo. Decid sin dudar-
lo que estoy loco, si digo de ahora en adelante una palabra a
vos o a alguien, me digan lo que me digan, excepto el
«¡bée!» que me habéis enseñado.

PATHELIN. Por San Juan, así tu adversario caerá en la astuta
trampa que le tendemos; pero también tenemos que ajustar
honorarios, una vez concluido el juicio.

PASTOR. Mi señor, si no os pago a vuestro modo, no me creáis
jamás[57], pero, os lo ruego, ocupaos rápidamente de mi
asunto.

PATHELIN. ¡Por Nuestra Señora de Boulogne! Pienso que el
juez ya ha abierto la sesión, pues comienza siempre alrededor de las seis[58]. Ve detrás de mí: no hagamos juntos el
trayecto.

PASTOR. Tenéis razón, así no verán que sois mi abogado.

PATHELIN. ¡Por Nuestra Señora!, ¡pobre de ti, si no me pagas
con holgura!

PASTOR. ¡Por Cristo!, a vuestro modo, mi señor, no lo dudéis.

---

[57] El pasaje encierra una gran ironía, pues el pastor le dice a Pathelin que le
va a pagar «con su palabra» *(a vostre mot)*, es decir, con el «bée» que Pathelin le
ha enseñado para burlar al pañero.

[58] Las seis contando después del amanecer, por lo tanto sobre el mediodía.

(Se marcha.)

PATHELIN. *(Solo.)* ¡Demonios! si no llueve el dinero, algo por lo menos caerá: siempre le sacaré algo, si todo sale bien, un escudo o dos, por mi trabajo.

ESCENA OCTAVA

(En la sala del juicio.)

PATHELIN. *(Saluda al* JUEZ.) Señor, Dios os dé buena suerte y todo lo que vuestro corazón desee.

JUEZ. Sed bienvenido, señor. Cubríos. Tomad asiento.

PATHELIN. Estoy bien situado, gracias por vuestra amabilidad, estoy más cómodo aquí.

JUEZ. Si hay algún asunto que resolver, démonos prisa, con el fin de que levante cuanto antes la sesión.

PAÑERO. Ahora viene mi abogado, está terminando lo que hacía, un asunto sin importancia, señor Juez, y si os parece, os agradecería que lo esperarais.

JUEZ. ¡Empecemos! Tengo que presidir más casos. Si la parte contraria está presente, exponed vuestro caso sin más tardanza. ¿No sois el demandante?

PAÑERO. Sí, lo soy.

JUEZ. ¿Dónde está el demandado? ¿Está aquí en persona?

PAÑERO. *(Señalando al* PASTOR.) Sí; vedlo ahí sin pronunciar palabra; ¡Dios sabe lo que piensa!

JUEZ. Ya que estáis presentes los dos, exponed vuestra reclamación.

PAÑERO. Voy a exponer lo que le reclamo: señor juez, es verdad que, por Dios y por caridad, lo he educado desde su infancia, y cuando vi que ya tenía edad para trabajar en el campo, lo hice mi pastor y lo puse a guardar mis bestias; pero, tan verdad como que estáis ahí sentado, señor juez, ha hecho una carnicería tal entre mis ovejas y corderos que verdaderamente...

JUEZ. Vayamos por partes: ¿Era por casualidad vuestro asalariado?

PATHELIN. Sí, ya que, si se hubiese arriesgado a cuidarlas sin sueldo...

PAÑERO. *(Reconociendo a* PATHELIN.*)* ¡Reniego de Dios, si verdaderamente no sois vos!

(PATHELIN *intenta taparse el rostro con la mano.)*

JUEZ. ¿Por qué tenéis la mano tan alta? ¿Os duelen las muelas, maese Pierre?

PATHELIN. Sí, me están dando tal guerra que nunca he sentido un dolor parecido: no me atrevo a levantar la cabeza. Por Dios, continuad la causa.

JUEZ. *(Al* PAÑERO.*)* ¡Adelante: acabad vuestro informe. Concluid rápido!

PAÑERO. *(Para sí.)* Verdaderamente es él, y no otro. ¡Por la cruz donde clavaron a Cristo!

(A PATHELIN.*)*

Fue a vos a quién vendí seis alnas de paño, maese Pierre.

JUEZ. *(A* PATHELIN.*)* ¿Qué es lo que dice de paño?

PATHELIN. Está divagando, cree que va a conseguir su propósito, pero no sabe cómo hacerlo, porque no lo ha aprendido.

PAÑERO. ¡Que me cuelguen si ha sido otro el que ha cogido mi paño! ¡Por San Juan el decapitado![59].

PATHELIN. ¡Cómo inventa cosas raras el mal hombre para conseguir ganar el pleito! Quiere decir —¡qué obstinado es!— que su pastor había vendido la lana —eso le he entendido— con la que fue hecho el paño de mis ropas; como, asimismo, dice que le roba y que le ha sustraído la lana de sus ovejas.

PAÑERO. *(Dirigiéndose a* PATHELIN.*)* ¡Mal año me dé Dios[60] si vos no tenéis el paño!

JUEZ. ¡Haya paz! ¡Por el diablo! ¡Habláis atropelladamente! ¿No podéis volver a vuestro asunto, sin entretener a la Corte con tanta palabrería?

PATHELIN. *(Riéndose.)* ¡Me encuentro mal y tengo que reírme!

---

59 En el original «Par la sanglante gorge!». Hemos optado por traducir «¡por San Juan el decapitado!», dado que en español no existe ninguna exclamación parecida, y que San Juan fue uno de los primeros mártires decapitados.

60 En el original: «Male sepmaine m'envoit Dieu...!». Hemos traducido año por semana, por ser más lógica la expresión.

Está ya tan embalado que no sabe por dónde iba. Es preciso que se lo recordemos.

JUEZ. *(Al* PAÑERO.*)* ¡Venga! Vayamos al grano⁶¹: ¿qué ocurrió con las ovejas?

PAÑERO. Se llevó seis alnas de nueve francos.

JUEZ. ¿Somos tontos o memos? ¿Dónde creéis que estáis?

PATHELIN. ¡Pardiez, os está llamando animal!, ¡y parece un buen hombre! Opino que se debería preguntar algo a la parte contraria.

JUEZ. Decís bien.

(Para sí.)

Tiene trato con él y es imposible que no lo conozca.

(Al PASTOR.*)*

¡Ven aquí! Habla.

PASTOR. ¡Bée!

JUEZ. He aquí otro problema. ¿Qué quiere decir ese «bée»? ¿Es que yo soy una cabra? Háblame.

PASTOR. ¡Bée!

JUEZ. ¡Que Dios te envíe una fiebre sangrienta! ¿Te estás burlando de mí?

PATHELIN. Creo que está loco o tonto, o que se imagina estar con sus animales.

PAÑERO. *(Dirigiéndose a* PATHELIN.*)* Reniego de Dios si no sois vos, y no otro, el que se ha llevado mi paño.

(Al JUEZ.*)*

¡Ah!, usted no sabe, señor juez, con qué engaño...

JUEZ. ¡Callaos! ¿Sois idiota? Dejad en paz ese detalle secundario, y volvamos a lo principal.

PAÑERO. Sí, señor juez, pero es que el asunto me concierne, sin embargo, a fe mía, mi boca no dirá ni una sola palabra más de ahora en adelante (otra vez se escurrirá como pueda y me va a hacer tragar una píldora sin masticar...) Ahora bien, decía respecto a mi asunto, cómo había dado seis al-

---

⁶¹ «Revenons à ces moutons»: Frase que se convirtió en proverbio en la lengua francesa, a partir de la publicación de la obra.

nas... quiero decir mis ovejas... Os lo ruego, señor juez, perdonadme. Este amable maese[62]... mi pastor, cuando debía
estar en los campos... Me dijo que me daría seis escudos de
oro, cuando fuese a su casa... Quiero decir que hace tres
años mi pastor convino conmigo que guardaría lealmente
mis ovejas y no me causaría daño ni perjuicio, y ahora, él
me niega totalmente el paño y el dinero.

(Dirigiéndose a PATHELIN.*)*

¡Ah!, maese Pierre, verdaderamente...

(El JUEZ *hace un gesto de impaciencia.)*

Este truhán que hay aquí presente me robaba la lana de mis
ovejas, y completamente sanas las hacía morir y desaparecer
apaleándolas y golpeándolas con un grueso bastón en el crá-
neo... Cuando tuvo mi paño bajo el brazo, se fue rápidamente y me dijo que fuese a buscar seis escudos de oro a su
casa.

JUEZ. Todo lo que repetís machaconamente, no tiene ni pies ni
cabeza. ¿Qué es eso? Mezcláis una cosa con otra. En resumen, ¡pardiez, que no entiendo ni jota!

(A PATHELIN.*)*

Lo enreda todo con el paño y luego habla de ovejas a tontas
y a locas. No dice nada que tenga sentido.

PATHELIN. Estoy seguro de que le retiene su sueldo al pobre
pastor.

PAÑERO. ¡Por Dios que bien podíais callaros! Mi paño, tan
verdad como que hay Dios... Yo sé mejor que vos o cualquier otro, dónde me aprieta el zapato. ¡Por la Santa Faz
que vos tenéis el paño!

JUEZ. ¿Qué ocurre?

PAÑERO. Nada, señor juez. Juro que es el mayor estafador...
¡Perdón! Me callaré, si puedo, y no hablaré más de eso de
ahora en adelante, pase lo que pase.

JUEZ. ¡Eh!, no, pero ¡no lo olvidéis! Concluid rápidamente.

PATHELIN. Este pastor no puede responder a los hechos que se

---

[62] Obsérvese el sentido irónico del comerciante al mencionar a Pathelin.

le imputan, si no le ayudan, y no se atreve o no sabe pedirlo. Si me permitierais que yo fuese su abogado, lo haría con gusto.

JUEZ. *(Mirando al* PASTOR.) ¿Su abogado? creo que no sería una tarea muy agradable. Sacaréis poco provecho de él[63].

PATHELIN. En lo que a mí respecta, os juro que no quiero obtener ninguna ganancia. ¡Sea por Dios! Ahora voy a saber lo que el pobre quiera decirme y quizá sepa contármelo, para responder a las acusaciones de la parte contraria. A él, le costará mucho trabajo defenderse por sí solo, a menos que alguien le ayude.

(Dirigiéndose al PASTOR.)

Acércate, amigo mío.

(En voz baja al JUEZ.)

Si alguien pudiese encontrar...

(Al PASTOR *de nuevo.)*

¿Comprendes?

PASTOR. ¡Bée!

PATHELIN. ¿Qué diablos significa «bée»? ¡Por la Santa Sangre derramada por Cristo!, ¿estás loco? Cuéntame tu asunto.

PASTOR. ¡Bée!

PATHELIN. ¿Qué es «bée»? ¿Oyes a tus ovejas balar? Comprende que te lo pregunto por tu bien.

PASTOR. ¡Bée!

PATHELIN. ¡Eh!, di «sí» o «no». *(En voz baja al* PASTOR). Muy bien hecho, sigue así. *(En voz alta.)* ¿Me lo contarás?

PASTOR. *(Suavemente.)* ¡Bée!

PATHELIN. Más alto, o estoy seguro de que lo pagarás caro.

PASTOR. ¡Bée!

PATHELIN. ¡Desde luego, el que lleva a un loco a juicio, es más loco que él todavía!

---

[63]En el original «C'est Peu d'Aquest!». Como vocablo independiente, la traducción de *aquest* es «provecho». «Peu d'Aquest» es el nombre simbólico de un personaje de la farsa *Marchandise, Le Temps-qui-court, et Grosse Despence,* compuesta hacia 1450. El mismo personaje reaparece en obras posteriores a *Pathelin.* Era, sin duda, un arquetipo que representaba al pobre.

(Al Juez.)

¡Ah! señor, mandadlo de nuevo con sus ovejas, ¡está loco de nacimiento!

PAÑERO. ¿Que está loco? ¡Por San Salvador de Asturias!, está más cuerdo que vos.

PATHELIN. *(Al* Juez.) Enviadlo a cuidar sus animales, sin apelación; ¡que no vuelva jamás aquí! ¡Maldito sea el que lleva a juicio a tales locos, o los hace llevar!

PAÑERO. ¿Y lo dejarán marchar antes de que yo pueda ser oído?

JUEZ. ¡Dios me asista!, puesto que está loco, claro. ¿Por qué no lo vamos a hacer?

PAÑERO. ¡Ay!, señor, al menos dejadme hablar antes y que exponga mis argumentos. No son bromas ni mentiras, lo que yo os digo.

JUEZ. Es una pérdida de tiempo presidir un tribunal donde comparecen locos y locas. Escuchad, si seguís hablando, doy por terminado el caso.

PAÑERO. ¿Se irán sin la obligación de volver de nuevo?[64].

JUEZ. ¿Y qué queréis, pues?

PATHELIN. ¿Volver? No habéis visto jamás un loco mayor en sus actos y respuestas.

(Señalando al PAÑERO.)

Y éste no vale una onza más que el otro, ninguno de los dos tiene mollera. Por Santa María la Hermosa, ¡entre los dos no valen un quilate!

PAÑERO. Vos os llevasteis mi paño con engaños, sin pagar, maese Pierre. ¡Por Cristo, soy un hombre pecador!, eso no es ser hombre honrado.

PATHELIN. Reniego de San Pedro de Roma, si no está loco de remate o a punto de convertirse en tal.

PAÑERO. *(A* PATHELIN.) Os conozco por la voz, por la ropa y por el rostro. No estoy loco, estoy bastante cuerdo como para reconocer al que me trata bien.

___
[64] El comerciante sigue pensando en Pathelin y en el pastor simultáneamente.

(Al Juez.)

Le contaré toda la historia, señor juez, para que mi conciencia quede tranquila.

PATHELIN. *(Al* Juez.) Señor, imponedle silencio.

(Al Pañero.)

¿No os da vergüenza discutir tanto con este pastor por tres
o cuatro viejas y despreciables ovejas o corderos que no valen ni dos perras gordas?

(Al Juez.)

¡Vaya una letanía que nos tiene...!

PAÑERO. ¿Qué corderos?, ¡qué cantinela!⁶⁵. Os estoy hablando
a vos, y vos me lo devolveréis, ¡por Cristo que quiso nacer
en Navidad!

JUEZ. ¡Veis! ¿Estoy en mi sano juicio? No dejará de gritar.

PAÑERO. Le pregunto...

PATHELIN. *(Al* Juez.) ¡Hacedle callar! Por Dios, ya es hablar
demasiado. Admitimos que le haya matado seis o siete, o incluso una docena y que por desgracia se los haya comido,
no por ello estáis lesionado en vuestros intereses, sino que
os beneficiáis por el tiempo que os las ha cuidado.

PAÑERO. *(Al* Juez.) ¡Fijaos, señor juez; fijaos!, yo le hablo de
pañería, y él responde de pastoreo.

(A Pathelin.)

Seis alnas de paño, ¿dónde están? las que os llevasteis bajo el
brazo. ¿No pensáis devolvérmelas?

PATHELIN. *(Al* Pañero.) ¡Ah! señor, ¿lo haréis colgar por seis
o siete ovejas? Al menos, recobrad vuestra calma; no seáis
tan riguroso con un pobre y desgraciado pastor, que no tiene dónde caerse muerto.

PAÑERO. ¡Con qué habilidad ha cambiado de tema! ¡El diablo
me hizo venderle paño a semejante cliente! Señor juez, le
pregunto...

---

⁶⁵ En el original «C'est une vielle!». La *vielle* era un instrumento de música
que producía sonidos chirriantes y monótonos; de ahí que se emplee el vocablo
en el sentido de cantinela, es decir, algo monótono y repetido.

Juez. Lo absuelvo de vuestra acusación y os prohíbo que continuéis. ¡Bonito honor es pleitear contra un loco!

(Al Pastor.*)*

Vete con tus animales.

Pastor. ¡Bée!

Juez. *(Al* Pañero.*)* Bien ponéis de manifiesto lo que sois, señor, ¡por la sangre de Nuestra Señora!

Pañero. ¡Eh!, señor juez, por mi alma, yo le quiero...

Pathelin. *(Al* Juez.*)* ¿No podría callarse?

Pañero. *(Volviéndose hacia* Pathelin.*)* Es con vos con quien estoy tratando, vos me habéis engañado con mentiras, y os habéis llevado furtivamente mi paño, con vuestras bonitas palabras.

Pathelin. *(Al* Juez.*)* ¡Apelo solemnemente a mi conciencia! ¿Lo oís bien, señor juez?

Pañero. *(A* Pathelin.*)* ¡Dios me asista!, sois el mayor estafador... Señor juez, es necesario que diga...

Juez. Es una verdadera estupidez lo que hacéis los dos: no son más que líos. ¡Dios me asista!, es necesario que me vaya.

(Se levanta; luego dirigiéndose al Pastor.*)*

Vete, amigo mío; no vuelvas nunca, incluso si te emplaza un sargento. La Corte te absuelve, ¿comprendes bien?

Pathelin. *(Al* Pastor.*)* Di: «muchas gracias».

Pastor. ¡Bée!

Juez. *(Al* Pastor.*)* ¿No lo he dicho claro? Vete, no te preocupes por nada.

Pañero. ¿Pero, es justo que se vaya así?

Juez. *(Abandonando la sala.)* Tengo más asuntos en otros lugares. Sois un bromista demasiado pesado. No me haréis permanecer aquí; me voy... ¿Queréis venir a comer conmigo, maese Pierre?

Pathelin. *(Llevándose la mano a la mandíbula.)* No puedo.

(El Juez *se va.)*

ESCENA NOVENA

(En la sala del tribunal.)

Pañero. *(Dirigiéndose a* Pathelin *en voz baja.)* ¡Ah! ¡Qué grandísimo ladrón eres!

(En voz alta y con un tono ceremonioso.)

Decid, ¿no me pagaréis?

Pathelin. ¿El qué? ¿Estáis loco? ¿Pero quién creéis que soy? Por mi vida, me pregunto por quién me tomáis.

Pañero. ¡Diablos con tanto bée!

Pathelin. Señor, oídme. Os diré, sin más demora, por quién me tomáis: ¿es quizá por Esservellé?[66].

(Quitándose su caperuza.)

¡Ved, como no!, él no es calvo como yo.

Pañero. ¿Queréis hacerme pasar por tonto? Sois vos en persona, vos mismo, vuestra voz os delata, y no creo equivocarme.

Pathelin. ¿Yo mismo? No lo soy, verdaderamente; desengañaos. ¿No será quizá Jehan de Noyon?[67]. Se parece a mí en el porte.

Pañero. ¡Demonios! Él no tiene la cara de borracho que vos, ni tan pálida. ¿No os he dejado enfermo hace unos momentos en nuestra casa?

Pathelin. ¡Ah! ¡Vaya una buena razón! ¿Enfermo? ¿Y qué enfermedad...? Confesad vuestra estupidez. Ahora está bastante clara.

Pañero. ¡Sois vos, o reniego de San Pedro! ¡Vos y no otro; sé bien que es verdad!

---

[66] «Esservellé»: Nombre propio que alude a un personaje de la época desconocido para nosotros.

[67] Personaje desconocido, aunque el apellido no quiere decir que fuese originario de Noyon, pequeña localidad de Picardía situada entre París y Bruselas. Éste, como otros nombres difíciles de identificar, debe haber sido sólo conocido localmente. No parece probable la hipótesis de que se tratara de Jehan de Mailley, obispo y conde de Noyon, fallecido en 1473.

PATHELIN. No creáis nada, ya que ciertamente no soy yo. Yo nunca os he cogido un alna ni media: no tengo una reputación tal.

PAÑERO. ¡Ah! ¡Pardiez que voy a ver si estáis en vuestra casa! No nos romperemos más la cabeza, si os encuentro allí.

PATHELIN. ¡Por Nuestra Señora, eso es! De este modo lo sabréis bien.

(El PAÑERO *se marcha.)*

ESCENA DÉCIMA

*(*PATHELIN *y el* PASTOR, *aún en la sala.)*

PATHELIN. *(Al* PASTOR.) Oye, l'Aignelet.

PASTOR. ¡Bée!

PATHELIN. Ven aquí, ven. ¿He llevado bien tu asunto?

PASTOR. ¡Bée!

PATHELIN. Tu acusador se ha ido, ya no digas más «bée», no es necesario. ¿Ha caído bien en la trampa? ¿No te he aconsejado bien?

PASTOR. ¡Bée!

PATHELIN. ¡Diablos!, no te oirán; habla tranquilamente, no te preocupes.

PASTOR. ¡Bée!

PATHELIN. Ya es hora de que me vaya: págame.

PASTOR. ¡Bée!

PATHELIN. A decir verdad, has hecho muy bien tu trabajo y has mostrado aplomo. Eso es lo que le ha hecho caer en la trampa, que tú te has aguantado la risa.

PASTOR. ¡Bée!

PATHELIN. ¿Qué «bée»? No es necesario que lo digas más. Págame bien y por las buenas.

PASTOR. ¡Bée!

PATHELIN. ¿Qué «bée»? Habla razonablemente, págame y me iré.

PASTOR. ¡Bée!

PATHELIN. ¿Sabes lo que te digo? Te ruego, que no bales más y que pienses en pagarme. No quiero que sigas balando. ¡Págame pronto!

PASTOR. ¡Bée!

PATHELIN. ¿Te estás burlando? ¿Es eso todo lo que sacaré de ti? Te juro que me pagarás, ¿comprendes?, a menos que te escapes. ¡Venga, el dinero!

PASTOR. ¡Bée!

PATHELIN. ¿Estás bromeando? ¿Cómo? ¿No dirás nada más?

PASTOR. ¡Bée!

PATHELIN. ¿Te estás haciendo el tonto? ¿A quién quieres engañar?[68]. ¿Sabes con quién estás hablando? No me canses más con tu «bée», y págame.

PASTOR. ¡Bée!

PATHELIN. ¿No obtendré otra moneda? ¿De quién crees que te burlas? ¡Y yo que debía estar orgulloso de ti! ¡Haz que me enorgullezca!

PASTOR. ¡Bée!

PATHELIN. ¿Me estás tomando el pelo?[69].

(Hablando consigo mismo.)

¡Por Cristo! ¿Tan viejo me he hecho como para que un pastor, un cordero vestido, un villano paleto, se burle de mí?

PASTOR. ¡Bée!

PATHELIN. ¿No te sacaré otra palabra? Si lo haces por divertirte, dilo, no me hagas discutir más. Vente a comer a mi casa.

PASTOR. ¡Bée!

PATHELIN. ¡Por San Juan, tienes razón: el aprendiz ha ganado al maestro!

(Para sí.)

Yo que estaba seguro de ser maestro de estafadores de todos

---

[68] En el original «Et a qui vends tu tes coquilles!». La expresión aludía a las conchas traídas por los peregrinos, por lo tanto objetos sin valor comercial; en francés moderno, la expresión sería: «à qui vends-tu tes salades?».

[69] En el original «Me fais tu mengier de l'oe?»: Expresión burlona que ha quedado convertida en proverbio, y que enlaza con el párrafo de la escena segunda, en que Pathelin invita al pañero a su casa a comer pato *(oye)*, aunque en realidad lo que pretendía era engañarlo. Ahora, el engañado ha sido él, es decir, le han hecho «mengier de l'oe».

los lugares, timadores y embaucadores de palabra, que postergan el pago del día del juicio... y un simple pastor me aventaja...

(Al Pastor.)

¡Por Santiago! Si encontrase a un sargento, te haría apresar.

Pastor. ¡Bée!

Pathelin. ¡Anda con el «bée»! ¡Que me cuelguen si no traigo a un sargento! ¡Desgraciado sea, si no te mete en prisión!

Pastor *(huyendo.)* ¡Si me coge, lo perdono!

ANÁLISIS

La edición de la *Farce de Maistre Pierre Pathelin* que goza justa fama de ser la mejor es la publicada por Richard Th. Holbrook en 1924; la segunda edición, que Holbrook no tuvo tiempo de acabar, apareció en 1937 con algunos añadidos de Mario Roques, y ha sido varias veces reeditada. Esta segunda edición es la que hemos manejado para nuestra traducción y divide la obra en diez escenas:

1. Pathelin charla con su mujer sobre la necesidad de procurarse ropas nuevas y, porteriormente, se dirige a la tienda del pañero.

2. Compra paño, sin pagárselo, a Guillaume Joceaulme y lo invita a comer a su casa.

3. De vuelta a casa, le cuenta la escena a Guillemette; de acuerdo con ella, finge una enfermedad para engañar al comerciante y se acuesta.

4. El pañero se dirige a casa de Pathelin para comer y cobrar el dinero de la venta.

5. Recibido por la esposa de Pathelin, ve a éste delirar en varios dialectos, y regresa a su casa confuso.

6. El pañero recibe la visita de su pastor que va a pedirle perdón por la muerte de numerosas ovejas de su amo, a las que el mismo pastor mataba a golpes para comérselas.

7. Vista la firmeza de su amo en llevarlo a juicio, el pastor busca los servicios de un abogado que lo defienda, abogado que resulta ser maese Pathelin, el cual le aconseja que se haga pasar por tonto y no conteste a las pregun-

tas que le haga el juez, si no es con el monosílabo «bée».

8. En el juicio, el pañero reconoce a Pathelin, al que creía haber dejado en su casa moribundo; ciego de ira, mezcla los dos asuntos: el de la venta del paño, y el de la muerte de sus ovejas, por lo que el juez —que tiene prisa por acabar con el caso—, cansado de los galimatías y confusiones del pañero, absuelve al pastor, ante la imposibilidad de sacarle otra palabra que no sea «bée».

9. Pathelin apremia al pastor para que le pague sus honorarios por haberlo defendido en el juicio y lograr que lo absuelvan.

10. Insistencia del abogado por cobrar su dinero, no obteniendo más respuesta que la que él mismo le había aconsejado que diera en el juicio: «bée».

El autor de *Maistre Pathelin,* al escribir esta farsa, parece adelantarse varios siglos a su época, al crear una obra maestra sin la cual el teatro cómico medieval, y sobre todo el género de la farsa, no tendría la importancia que se le concede hoy, ya que, sin lugar a dudas, es infinitamente superior a todas las *farces* y *soties* de los siglos xv y xvi, lo mismo por su extensión (1600 versos), que por su maestría en desarrollar los procedimientos de comicidad.

Como tónica general, se puede afirmar que los personajes de *Maistre Pathelin* tienen todos una característica común: la bribonería (incluso el juez que no ejerce sus funciones como tal, pues se deja llevar por Pathelin, en su afán por terminar cuanto antes); Guillaume, el comerciante, quiere engañar a Pathelin, sin sospechar que está siendo engañado por él; Pathelin a su vez, aliado con el pastor, engaña nuevamente al pañero aunque al final el pastor se burla de los dos; de este modo, se enlazan, sin estorbarse, dos episodios que encierran una doble intriga, aunque la moral no se aprecie justa y equitativa. En este juego de argucias y habilidades, Pathelin parece ser el contrapeso (engaña a uno y es engañado por otro), entre el vendedor (lo engañan dos veces) y el pastor (engaña dos veces), que, a su vez, tampoco está libre de culpa porque estaba robándole los carneros al amo. Vemos, pues, que casi podríamos hablar de arquetipos, más que de caracteres, que tienen siempre en común su bribonería: Aignelet, el pastor, que esconde bajo su tosquedad una profunda astucia; Guillaume, el comerciante codicioso; Pathelin, el abogado deshonesto cuya imaginación y fantasía no tienen límites, si se trata de sacar provecho y Guillemette, esposa de Pathelin y digna auxiliar de él en sus granujerías.

Se puede observar claramente cómo la moral está del todo ausente, aunque la enseñanza a sacar de la obra sería esta: «a granuja, granuja y medio»; planteada la cuestión de este modo, la obra parece celebrar, sin reservas, el triunfo del fraude y de la estafa, lo que parece ser una pintura realista de la época, exagerada sin duda por el autor.

El problema del autor, como el de la fecha de composición de la obra, ha sido muy debatido y ha dado lugar a numerosas conjeturas; los estudiosos de la obra no han examinado, en cambio, por considerarlo de poca importancia, el problema de si el escritor tuvo en cuenta o no el libro de Eustache Deschamps, *Farce de Maistre Trubert et d'Antrognart*, de la segunda mitad del siglo XIV, donde aparece, parece ser que por vez primera en el teatro francés, la figura del abogado deshonesto que resulta engañado por el cliente.

A su vez, *Maistre Pathelin* fue bastante imitada. Así, el jurista parisino Connybert o Connibertus publicó en 1512 una comedia llamada *Veterator* (El zorro viejo), que traspone en verso latino la *Farce de Maistre Pathelin,* con el subtítulo de *Pathelinus,* y en la que el autor introduce un nuevo personaje: el *comicus,* portavoz del escritor, que asiste a la acción sin ser visto ni oído por los demás y cuya función es la del *badin* , del *sot* medieval. No es esta la única obra basada en *Maistre Pathelin* que gozó desde la fecha de representación de una fama considerable; podemos citar, anteriores a *Veterator:*

— *Le Nouveau Pathelin à trois personnaiges, c'est assavoir Pathelin, le Pelletier et le Presbtre;*
— *Pathelin à quatre personnaiges c'est assavoir Pathelin, Guillemette, l'Apoticaire et Messire Jehan le Curé.*

De veinte ediciones en el siglo XV, pasamos a sólo cuatro en el xvi y únicamente dos reediciones a lo largo de todo el xvii. A principios del siglo xviii, Brueys y Palatrat, con su obra *L'Avocat Pathelin* (1706), ponen de actualidad la vieja farsa, acomodada al gusto de la época, con una intriga amorosa y un matrimonio. En este mismo siglo, y en el año 1735, Godar de Beauchamps, en sus *Recherches sur les théâtres de la France,* afirma que Pierre Blanchet podría ser el autor de *Maistre Pathelin;* esta opinión, aunque no estaba fundada en ninguna verosimilitud, fue sostenida, entre otros, por el duque de La Vallière en su artículo «Blanchet» de la *Bibliothèque du théâtre français.* También se atribuyó la obra a François Villon, en el siglo xviii, pero todo parece haber sido una especie de malentendido o atribución indirecta, dado que la primera vez que esta suposición aparece sólo es indirectamente y por implicación: Gueulette publicó en 1748 una edición de la obra de Villon, en la que iba incluido *Le Nouveau Pathelin;* un nombre se asoció a otro, y por inercia se sostuvo la misma opinión en 1763 por Leris en su *Dictionnaire portatif des théâtres,* y en 1792 por Cailleau que en el título y en la introducción de su obra *Les Ruses, finesses et subtilités de Pathelin avocat,* sostiene que *Maistre Pathelin* es, presumiblemente, de François Villon. A estos nombres habría que añadir los de Jehan de Meung y Antoine de La Sale, así como la atribución a la comunidad de «Clercs de la Basoche», opinión que sustentó en 1856 Adolphe Fabre, en sus *Études historiques sur les clercs de la Basoche.*

No es difícil refutar todas estas autorías, pues la mayor parte de ellas no se sostienen por un simple problema de cronología. En cambio, sí parece mucho más consistente atribuir la obra a un clérigo, o a alguien que hubiera tenido contacto con el mundo eclesiástico, bien por formación, bien por haber sido educado cerca de alguna de las escuelas que funcionaban normalmente junto a las abadías, dirigidas por los monjes de las órdenes religiosas, ya que las alusiones al tema religioso son numerosas (alusión al misal y al sacerdote, a la parroquia, al día del juicio, al evangelio, a los monjes, al crucifijo, al monasterio, a los herejes, a los salmos, invocación a santos y juramentos a Dios y a la Virgen, en gran número y a lo largo de toda la obra).

Continuando con el problema de la autoría, la opinión más

extendida es la defendida por Lucien Foulet, Louis Cons y Richard Th. Holbrook; según ellos, el autor de *Maistre Pathelin* sería el clérigo normando Guillaume Alecis (no Alexis, como han escrito algunos críticos, según se puede deducir de firmas autógrafas); Alecis, pertenecía a una familia normanda, cuyo apellido se conserva en la diócesis de l'Eure; el personaje en cuestión nació hacia 1425 y murió hacia 1486. Es, sin duda, exagerada la afirmación de Piaget y Picot, expresada en la edición a las obras de Alecis *(Oeuvres poétiques de Guillaume Alecis,* 3 vols., París, SATF, 1896-1908, t. I), donde aseguran que es uno de los poemas más célebres de la segunda mitad del xv, que hace pensar en Marot, y que tuvo el insigne honor de ser imitado por La Fontaine. Esta opinión no se ve refrendada por la mayoría de los numerosos historiadores de la literatura, aunque sí es cierto que fue uno de los primeros versificadores de su tiempo, célebre entonces y totalmente olvidado hoy. Su primer poema data de 1451, y su juventud transcurrió alegre y desenfadada, según podemos deducir por sus obras. Alecis sólo experimentó muy tardíamente la vocación monástica y se retiró a la abadía de Lyre, en la diócesis de Evreux, en su Normandía natal. Como escritor se hizo famoso por su obra *Blason de faulses amours* y, posteriormente, por *Faintes du monde.* La farsa que se le atribuye estaría dirigida contra los pañeros de Verneuil, en litigio durante mucho tiempo con los monjes de la abadía de Lyre a causa de unos terrenos.

Louis Cons y Richard Holbrook esgrimen como argumentos para defender la tesis de la autoría de Alecis, por un lado, la equivalencia monetaria (sueldos, francos, escudos), o «prueba de origen normando», como la llama el primero; por otra parte, las concordancias numéricas, encontradas por el segundo, entre *Maistre Pathelin* y *Blason de faulses amours,* y *Maistre Pathelin* con *Faintes du monde:* hay, a veces, verdaderas correspondencias de ideas y palabras, entre la farsa y las obras de Alecis. A este respecto, es anecdótico comprobar cómo un librero del Renacimiento, Galiot du Pré, publicó en 1532, en un mismo volumen: *Maistre Pierre Pathelin restitué à son naturel* y *Blason de faulses amours.* El editor no da razones que expliquen por qué ha incluido en un mismo tomo las dos obras, pero la coincidencia no deja de ser sorprendente.

En lo que concierne a la fecha de la obra, está casi plenamente demostrada y admitida por casi todos los estudiosos del tema que ésta es la de 1464; las pruebas en que se basan son las siguientes:

1. En la *Sottie des coppieurs et lardeus,* incluida en el *Recueil Trepperel* (E. Droz, 1935) y anterior a 1488, se hace referencia a la farsa, lo que demuestra que en esa época era ya una obra muy conocida:

   J'ay la *Farce de Pathelin,*
   Poitrasse et le *Pouvre Jouhan*
   —Ils sont trop vieilles mesouen (t. I, pág. 170).

2. La equivalencia de las monedas en la obra, prueba que la farsa es anterior a 1474, año a partir del cual dicho valor experimentó un cambio.

3. Acercándonos aún más en el tiempo, encontramos una carta de gracia, firmada y fechada por Luis XI «antes de la Pascua de 1469». La carta, de remisión de condena, se refiere a una riña entre dos hombres, uno llamado «Jean de Costes» y otro «Le danceur». Una noche, después de haber cenado con éste último en casa de maese Guillaume Sillon, Jehan de Costes se echa sobre un banco delante del fuego y dice: «Par Dieu!, je suis malade», y luego, dirigiéndose a la esposa de maese Sillon, añade: «Je vueil coucher ceans sans aller meshuy a mon logeys.» Interviene en ese momento «Le danceur» diciendo: «Jehan de Costes, je vous congnois; vous cuidez pateliner et faire du malade, pour cuider coucher ceans.»

   Esta última frase nos demuestra que la obra ya era conocida en 1469, pues el verbo *pateliner* era bastante usual en la lengua francesa de aquel tiempo.

4. La clave de la fecha de composición nos la dan unos versos en la escena segunda, cuando Pathelin se queja al vendedor de lo caro del paño y éste replica que ese invierno han perecido muchos rebaños y hay escasez de lana, a causa de «los grandes fríos». No parece ser un invierno imaginario, el citado por el comerciante, sino uno muy concreto, que debe estar aún en la mente de los es-

pectadores; así los versos parecen aludir al invierno de 1464, que fue muy duro y frío, sobre todo en Normandía, hecho que, al mismo tiempo, ayudaría a reafirmar la tesis de Guillaume Alecis como autor de la obra.

La lengua y los nombres propios de *Maistre Pathelin* no suponen argumentos decisivos para pensar que sea Normandía la región donde transcurre la acción, aunque lo más probable es que así fuese. Los elementos jurídicos de la obra pueden inclinar la balanza a favor de la región normanda, y más concretamente a la zona de Normandía limítrofe con l'Ile de France: Etrépagny, Gisors, Ecouis, Les Andelys, Gaillon, Vernon, Argences y Evreux. También es factible pensar que el lugar en que se desarrolla la obra fuera el territorio situado a orillas del Sena y que constituía el dominio rural de la abadía Saint-Germain-des-Prés, parajes donde el pastor podía llevar a pastar los rebaños del comerciante y en el que se podían cumplir todas las condiciones jurídicas descritas en el libro; pero, realmente, casi todos los indicios, así como la atribución al normando Guillaume Alecis, incluido su posterior retiro al convento de Lyre, nos hacen inclinarnos claramente por Normandía y concretamente por la ciudad de Rouen.

Digamos, finalmente, que la lengua de *Maistre Pathelin* es tan actual y directa, que apenas se nota que sea del siglo XV; la inspiración y fantasía del autor hacen que la obra sea imperecedera, y el delirio verbal de Pathelin, fingiéndose moribundo y hablando en varias lenguas, la escena del proceso y la indignación del pañero, revelan una maestría en el uso del lenguaje no alcanzada hasta entonces. A toda esta fantasía verbal habría que añadir un diálogo cortado, respuestas monosilábicas, juegos de palabras de la misma raíz, retruécanos, etc., por lo que no es exagerado afirmar que, gracias al planteamiento, desarrollo y resolución de situaciones, así como a la exacta y fina descripción de los personajes, *Maistre Pathelin* es, más que una farsa, una verdadera comedia, que anuncia ya el teatro de Molière. El éxito de la obra fue y sigue siendo enorme, con ella se inicia la comedia de costumbres y psicológica, al mismo tiempo que se eleva el nivel del teatro cómico medieval francés, dándole la gran obra de la que carecía.

EDICIONES

Entre las ediciones más antiguas de la farsa, podemos citar las siguientes:

Maistre Pierre Pathelin, Lyon, Guillaume Le Roy, 1485-1486?
Maistre Pierre Pathelin, París, Pierre Levet, 1490.
Pathelin le Grant et le Petit, París, Germain Beneaut, 1490. (Por extraño que parezca, el título se refiere no a dos farsas distintas de *Maistre Pathelin*, sino a la edición de las poesías de François Villon —*Le Grand Testament* y *Le Petit Testament*—, que Beneaut imprimió en el mismo volumen que la farsa de *Maistre Pathelin.*)
Maistre Pierre Pathelin, París, Jehan Trepperel, 1495?
La Farce de Maistre Pierre Pathelin, París, Pierre Le Caron, 1498?
La Farce de Maistre Pierre Pathelin, Hystorié, París, Marion de Malaunoy —viuda de Pierre Le Caron—, 1500?
Maistre Pierre Pathelin et son jargon, París, Jehan Trepperel, 1500-1501?
Maistre Pierre Pathelin et son jargon, París, Jehan Herulf, 1505?
Maistre Pierre Pathelin, París, Jehan Trepperel, 1505?
Maistre Pierre Pathelin, París, Guillaume Nyverd, 1505? (En el mismo volumen, el editor incluye el *Pathelin à quatre perssonnaiges.*)
Maistre Pierre Pathelin, París, Guillaume Nyverd?, 1515? (Acompañado, en el mismo tomo, por *Le Nouveau Pathelin à trois personnaiges.*)

De las ediciones críticas modernas ya hemos dicho que la más notable es la de Richard Th. Holbrook: *Maistre Pierre Pathelin. Farce du XVᵉ siècle* (duodécima edición revisada y corregida), París, Honoré Champion, 1937. La última edición que conocemos es la de 1967.

Igualmente existen numerosas adaptaciones modernas, entre las que citaremos algunas de las más importantes:

AUBAILLY, J.-C., *La Farce de Pathelin et ses continuateurs*, París, SEDES, 1979 (edición crítica, traducción y notas).

FRAPPIER, J. Y GOSSART, A. M., *Le théâtre comique au Moyen Age,* París, Larousse, 1935 (incluye una buena adaptación de *Maistre Pathelin,* con notas explicativas).

HOLBROOK, TH. R., *Master Pierre Pathelin, a Farce in three acts,* Boston (U.S.A.), 1914.

JODOGNE, O., *Maistre Pierre Pathelin,* Gand (Bélgica), (Stori-Scientia, 1975 (buena traducción en francés moderno, acompañada de una bibliografía apreciable).

ESTUDIOS

La bibliografía existente sobre *Maistre Pierre Pathelin* es muy abundante; la mayor parte de ella está contenida en el repertorio bibliográfico de Robert BOSSUAT, *Manuel bibliographique de la littérature française du Moyen Age,* París, Librairie d'Argences, 1951, con dos suplementos correspondientes a los años 1955 y 1961. Como más reciente y especializado destacaremos el repertorio bibliográfico de Halina LEWICKA, *Bibliographie du théâtre profane français des XVᵉ et XVIᵉ siècles,* París, C. N. R. S., 1972.

Del mismo modo, son también numerosos los estudios sobre aspectos específicos de la obra: lengua, autor, localización, nombre de los personajes, vocabulario jurídico, iconografía, etc.

ALTAMIRA, J. L., «La Vision de la Mort dans Maître Pathelin», *Dissonances, Le Corp Farcesque,* núm. 1, abril de 1977, págs. 119-131.

BONNO, G., «Réflexions sur les concordances numériques entre *Pathelin* et *Les Faintes du monde», Romanic Review,* XXIV, 1933, páginas 30-36.

CAZALAS, G. E., «Où et quand se passe l'action de *Maistre Pierre Pathelin», Romania,* LVII, 1931, págs. 573-577.

CONS, L., *L'Auteur de la Farce de Pathelin,* Princeton-París, University Press-Les Presses Universitaires, 1926.

CHEVALDIN, L., *Les Jargons de la farce de Pathelin,* París, 1903.

DROZ, E., «L'Illustration des premières éditions de *La Farce de Pathelin», Humanisme et Renaissance,* t. I, 1934, págs. 145-150.

ERRE, M., «Langage(s) et Pouvoir(s) dans *La Farce de Maître Pathelin», Dissonances, Le Corp Farcesque,* núm. 1, abril de 1977, págs. 90-118.

FIELD, W. H. W., «The Picard origin of the name Pathelin», *Modern Philology,* LXV, 1967, págs. 362-365.

FLEURIOT DE LANGE, P., «Les sources du comique dans *Maître Pathelin»,* París, 1926.

FRANK, G., «Le nom Pathelin», *Modern Language Notes,* LVI, 1941, págs. 42-47.

FRAPPIER, J., «La Farce de *Maistre Pathelin* et son originalité», *Mélanges de littérature comparée et de philologie offerts à Mieczyslaw Brammer,* Varsovia, 1968, págs. 207-217.

GEGOU, F., «Argot et expressions argotiques dans *Maître Pathelin*», *Actes du XIII congrès international de linguistique et philologie romanes,* Quebec, 1976, vol. 1, págs. 691-696.

GUERY, CH., *Guillaume Alecis, dit le Bon Moine de Lyre, Prieur de Bucy,* Evreux, 1907.

HARVEY, H. G., «The Judge and the Lawyer in the *Pathelin*», *Romanic Review,* XXXI, 1940, págs. 313-333.

HOLBROOK, R. TH., *Étude sur «Pathelin». Essai de bibliographie et d'interprétation,* Princeton-París, University Press-Les Presses Universitaires, 1917.

— «Les plus ancien manuscrit connu de *Pathelin*», *Romania,* XLVI, 1920, págs. 84-103.

— «Pour le commentaire de *Pathelin*», *Romania,* LIV, 1928, páginas 66-98.

— *«Maistre Pathelin:* commentaires lexicologiques...», *Mélanges Jeanroy,* 1928, págs. 181-189.

— *Guillaume Alecis et «Pathelin»,* University of California Press, Publications in Modern Philology, 1928, págs. 285-412.

— «La paternité de *Pathelin.* Critiques et réponses», *Romania,* LVIII, 1932, págs. 574-591.

HOLMES, U. T., «Les noms de saints invoqués dans le *Pathelin*», *Mélanges Cohen,* 1950, págs 125-129.

JODOGNE, O., «Notes sur *Pathelin*», Festschrift Walter von Wartburg, Tubinga, 1968, t. I, págs. 431-441.

LEJEUNE, R., «Pour quel public la farce de *Pathelin* a-t-elle été rédigée?», *Romania,* LXXXII, 1961, págs. 482-521.

— «Le vocabulaire juridique de *Pathelin* et la personnalité de l'auteur», *Mélanges, R. Guiette,* págs. 185-194.

LEMERCIER, P., «Les éléments juridiques de *Pathelin* et la localisation de l'oeuvre», *Romania,* LXXIII, 1952, págs. 200-226.

LEWICKA, H., Pour la localisation de la farce de *Pathelin*», *Bibliotheque d'Humanisme et Renaissance,* XXIV, 1962, págs. 273-281.

— «Où est le problème du lieu d'origine de *Maître Pierre Pathelin*», *Études sur l'ancienne farce française,* París, Klincksieck, 1974, páginas 87-101.

LITTRE, E., «Le *Pathelin,* recherches nouvelles sur la comédie», *Revue des Deux Mondes,* julio de 1955, págs. 345-374.

MARCUS, J. CL., *Adaptations et mises en scène contemporaines de la farce de «Maître Pathelin», avec le texte de la farce,* Maîtrise d'enseignement, 2 vols., Université de París, III.

PATRICK, G. Z., *Etude morphologique et syntaxique des verbes dans «Maistre Pierre Pathelin»*, University of California Press, Publications in Modern Philology, junio de 1924, págs. 287-379.

PAYEN, J.-CH., «La farce et l'idéologie. Le cas de *Maistre Pathelin*, *Le Moyen Français*, núms. 8-9, 1983, págs. 7-25.

PHILIPOT, R., «Remarques et conjectures sur le texte de *Maistre Pierre Pathelin*», *Romania*, LVI, 1930, págs. 558-584.

PICKFORD, C. E., *La farce de Maistre Pathelin*, París, Bordas, 1984 (1.ª edición, 1967).

ROQUES, M., «Le plus ancien manuscrit connu de *Pathelin*», *Romania*, XLV, 1920, págs. 84-103.

— «Notes sur *Maistre Pierre Pathelin*», *Romania*, LVII, 1931, páginas 548-560.

— «D'une application du calcul des probabilités à un probleme d'histoire litteráire», *Romania*, LVIII, 1932, págs. 88-99.

— *Références aux plus récents commentaires de «Maistre Pierre Pathelin»*, París, CDU, 1942.

ROY, B., *«Maître Pathelin* avocat portatif», *Tréteaux*, II, mayo de 1980, págs. 1-7.

— «La Farce de *Maître Pathelin* et autres oeuvres du fou Triboulet», *Fifteenth-Century Studies*, III, 1980, págs. 155-195.

ROUSSE, M., «Pathelin est notre première comédie», *Mélanges de langue et de littérature médiévales offerts à Pierre Le Gentil*, París, 1973, páginas 753-758.

— «Le Rythme d'un spectacle médiéval, *Maître Pierre Pathelin* et la Farce», *Mélanges offerts au Professeur J. A. Vier*, París, Klincksieck, 1973, págs. 575-581.

SCHAUMBURG, K., *La Farse de «Pathelin» et ses imitations*, París, 1889.

ÍNDICE